Prof. Dr. Jes T.Y. Lim

Das klassische Business-Feng-Shui-Wissen

Prof. Dr. Jes T.Y. Lim

Das klassische Feng-Shui-Wissen

BUSINESS

Das Begleitbuch zur Erfolgs-DVD
QI-MAG® Feng-Shui –
für Geschäft und Beruf – bewährte Praktiken
für geschäftliche Harmonie und Wohlstand

Erstausgabe 2019
Feng-Shui Broschüre und Begleitheft zu dem DVD Kursus:

**QI-MAG° Feng-Shui für Geschäft und Beruf –
bewährte Praktiken aus Asien für geschäftliche Harmonie und Wohlstand**

von Prof. Dr. Jes T.Y. Lim

2019 © by IAW Anstalt, Vaduz
www.iadw.com

ISBN: 978-3-7494-5246-0

Die Deutsche Nationalbibliothek verzeichnet diese Publikation
in der Deutschen Nationalbibliografie; detaillierte bibliografische Daten
sind im Internet über www.dnb.de abrufbar.

Umschlaggestaltung: www.layART.li
Umschlagmotiv: ©fotolia.com/Anne Mathiasz
Herstellung und Verlag: BoD – Books on Demand, Norderstedt
Made in Germany

FENG SHUI

heißt auf deutsch

FENG = WIND

SHUI = WASSER

- Wind und Wasser haben sowohl positive als auch negative Auswirkungen auf unser Leben und unsere Umwelt

- FENG SHUI kann die Wirkungen von YIN & YANG ausgleichen, so daß Harmonie entsteht

Herzlich willkommen!

Seit vielen Jahren haben wir die Feng-Shui-DVDs im Sortiment, die sich großer Beliebtheit erfreuen:

QI-MAG® Feng-Shui I – Die chinesische Kunst des gesunden Wohnens
QI-MAG® Feng-Shui II – Harmonisches Wohnen; Harmonie, Glück und Erfolg mit der alten chinesischen Weisheit steigern
QI-MAG® Feng-Shui für Geschäft und Beruf – bewährte Praktiken aus Asien für geschäftliche Harmonie und Wohlstand

Immer wieder wurden wir gefragt, ob die Handbücher zu diesen DVDs nicht auch einzeln erworben werden können. Aufgrund der beständigen Nachfrage haben wir uns dazu entschlossen, diese Begleithefte auch in Buchform zu veröffentlichen. Sie sind ab sofort im Buchhandel und auf Online-Portalen verfügbar. Auch ohne DVD, als eigenständiges Werk, sind sie ein Juwel mit spannendem und fundamentalem Hintergrundwissen, das in dieser Form nur selten erhältlich ist. Für den Laien empfehlen sich die DVDs, wobei der Feng-Shui Erfahrene in den Handbüchern bestimmt Anregungen entdecken wird, die ihm auch ohne weitere Unterstützung einen wertvollen Dienst erbringen können.

Der Feng-Shui – Pionier Prof. Dr. Jes T.Y. Lim war in den 60er Jahren Unternehmensberater. Feng-Shui, Geomantie, Geobiologie und Naturheilkunde studierte er bei Lehrern und Spezialisten in China, Hongkong, Singapur, Malaysia und Australien. Als Doktor der Akupunktur mit Affinität zur Psychologie und Hypnotherapie absolvierte er unter anderem Ausbildungen im Bereich Naturheil-

kunde. Den Master Degree in der internationalen Business Administration schloss er erfolgreich ab. Er ist der Begründer des internationalen QI-MAG Feng-Shui & Geobiology Instituts, das seit 1990 weltweit tausende Feng-Shui-Berater und TAO-Meister hervorgebracht hat. Als Experte und Koryphäe auf seinem Gebiet ermöglicht er uns einen lebendigen und leichten Einstieg ins Feng-Shui sowie eine Vertiefung dieses zeitlosen Themas, das sich auch im Bereich Business etabliert hat. Viele Feng-Shui-Anfänger sowie Experten erfreuen sich an seinem Wissen, und ihre Anzahl wächst stetig.

Ein herzliches Dankeschön gilt dem Autor, der mit seinem Wissen so vielen Menschen einen großen Dienst erweist!

Feng-Shui kann auch Ihre Daseinsbereiche zu einem kraftvollen Energiefeld verwandeln, das Ihre Wohn- und Arbeitsräume zur Harmonie transformiert. Diese Harmonie entfacht in den unterschiedlichsten Bereichen eine Umgestaltung, Verbesserung bzw. Neuorientierung. Kreativität im Beruf, mehr Lebenslust und -freude sowie tiefer und erholsamer Schlaf sind nur einige von unzähligen möglichen Wirkungen der Transformation durch Feng-Shui.

Die Harmonisierung der Wohnräume kann also der Grundstock für Veränderungen in Ihrem Leben sein.

Eine Wohnraumgestaltung ist immer individuell und intuitiv zu vollziehen und sollte sich niemals nur an Richtlinien orientieren. Erst die spezifische und persönliche Form der Durchführung wird Ihre Räumlichkeiten zur Wohlfühloase der besonderen Art erheben. Lassen Sie sich inspirieren.

Veränderungsbeispiele in der Übersicht:

- *Harmonisierung der Partnerbeziehungen oder Öffnung für eine neue Partnerschaft*
- *Neue Jobsituation oder Balance am Arbeitsplatz*
- *Familiäre Konfliktlösungen*
- *Finanzielle Freiräume für optimalen Geldfluss*
- *Aktivierung der Selbstheilungskräfte*
- *Wiederbelebung von Urvertrauen und Geborgenheitsgefühl*
- *Erholsamer Schlaf, Gelassenheit und innere Ruhe*
- *Mehr Lebenslust, Freude und Kreativität etc.*

Wir haben bewusst darauf verzichtet, Prof. Dr. Jes T.Y. Lims Werk zu bearbeiten oder zu verändern, und haben die Original-DVD-Beilage übernommen. Wir sind überzeugt davon, dass es genau so, wie es ist, bei vielen Lesern auf Anklang stoßen wird: eine kleine Schatztruhe voller Informationen als Zeitzeuge der besonderen Art. **Ein Original, das auch noch in Jahrzehnten nichts von seiner Aktualität und Attraktivität verlieren wird.**

Für Interessierte, die noch etwas tiefer in die Materie eintauchen oder die DVDs als Ergänzung verwenden wollen, sind diese nach wie vor bei der IAW, im Handel sowie auf Online-Portalen erhältlich.

Nun wünschen wir Ihnen viel Freude beim Erleben und Umsetzen, sowie in Ihrem kreativen Wirken.

Ihr Felix Aeschbacher
plus IAW-Team

Echte Rarität

Einmalig:

Nach unveränderten
Original-Unterlagen
veröffentlicht!

FAKTOREN, DIE EINE PERSON ERFOLGREICH MACHEN

1. Geburtskarma oder Schicksal, wie z.B. Kundalini, Name, Familie und Geburtsort.

2. Harmonie mit der Familie und dem Wohnort oder Land.

3. Der richtige karmische Beruf.

4. Gutes Feng Shui im Haus und am Arbeitsplatz.

5. Tugenden: Mitgefühl, Freundlichkeit, Liebe und Rücksicht auf andere.

6. Gute Intution, gutes Gefühl für eine Situation oder eine Entscheidung.

7. Gute Kenntnisse im / über das Geschäft (Fachwissen).

8. Ausbildung / Erziehung.

9. Nicht hart, sondern geschickt arbeiten !

ÜBERLEBEN IM 21. JAHRHUNDERT

1. Es gibt immer einen Weg, und einen besseren Weg.

2. Was man fürchtet, zieht man an.

3. Gleiches zieht Gleiches an.

4. Die Erde ist ein Planet des Überflusses !!!

5. Wenn keine Lösung zu finden ist, gehe zurück zur Natur.

Das Kosmische Leben

Qi ist weiblich und zieht
Sauerstoff (O_2) männlich an:

$$Qi + O_2 = \text{Kosmische Lebensenergie}$$
$$= \text{Leben}$$

Wir merken uns:
Sauerstoffmangel ist die Wurzel aller
menschlichen Krankheiten !!!

SCHLECHTES FENG SHUI

= niedrige kosmische Energie und wenig Sauerstoff
  in Arbeits- und Geschäftsräumen

<u>AUSWIRKUNGEN</u>
1) Giftstoffe im Körper können nicht oxydiert werden - die Zahl der freien Radikale nimmt zu.
2) Verringerte Zellaktivität, geringe Vitalität.
3) Degeneration der Organe und Erkrankungen - besonders Nieren und Leber sind betroffen.
2) Die Arbeitsleistung verringert sich wegen großer Müdigkeit und schlechter Konzentration.
3) Die Lebenserwartung verkürzt sich.

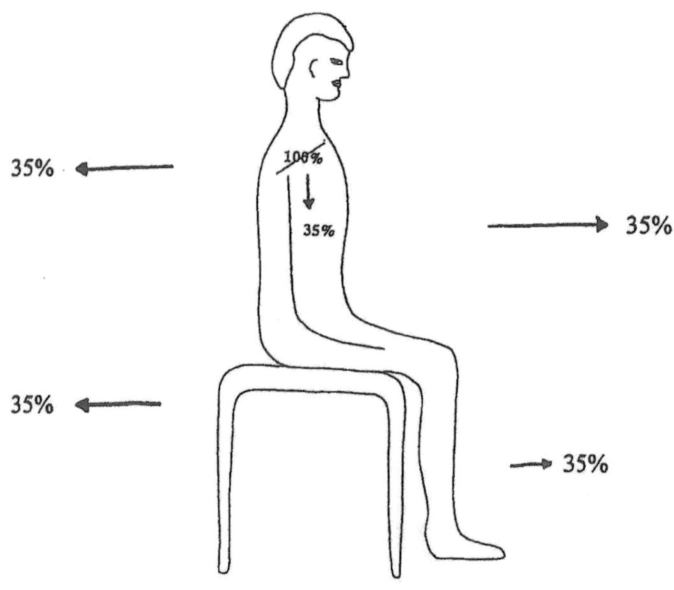

Raumenergie

DER IDEALE STANDORT FÜR EIN GESCHÄFTSGEBÄUDE

Der Drache und der Tiger
Ein ideales Grundstück sollte von der Lage her an einen Drachen und einen Tiger erinnern (siehe Abbildung unten).
Eine günstiges Grundstück fördert den Erfolg und den Wohlstand der Firmenbesitzer und Mitarbeiter. Man stellt sich vor, in der Eingangstür zu stehen und nach draußen zu schauen. Auf der linken Seite sollte sich ein höherer Hügel befinden, der wie ein mit dem Kopf nach vorne gerichteter Drache aussieht. Auf der rechten Seite sollten sich niedrigere Hügel befinden, damit verbrauchte Luft und Energie abfließen können.
Hinter dem Haus kann ein Hügel (Schildkröte) das Abfließen des guten Qi verhindern und gleichzeitig eine Rückendeckung bieten. Grundsätzlich gilt es als günstig, einen See oder Fluß auf dem Grundstück zu haben.
Bei einem Fluß sollte die Flußschleife zum Haus hin zeigen. Vor dem Grundstück sollten sich keine Hindernisse erheben, damit der symbolische Phönix freie Sicht nach vorn hat.
Gebäude sollten nie entlang des Drachenkörpers gebaut werden, weil die Energie dort zu stark ist.

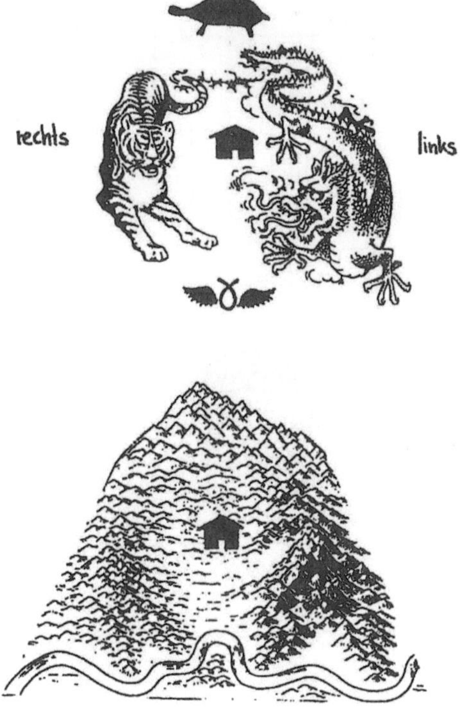

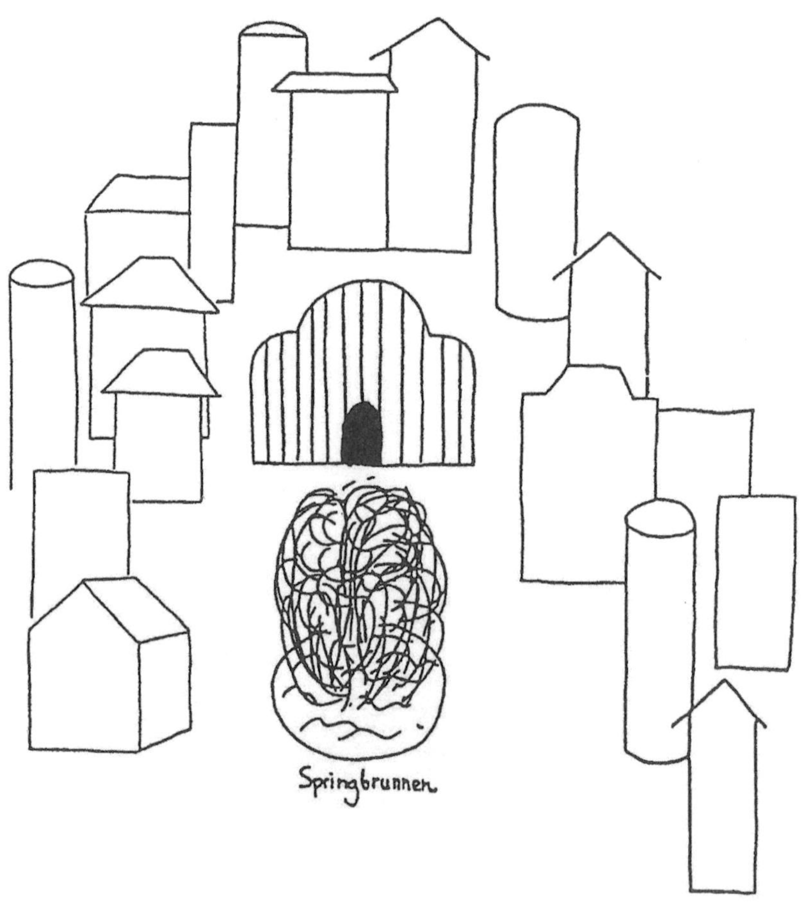
Springbrunnen

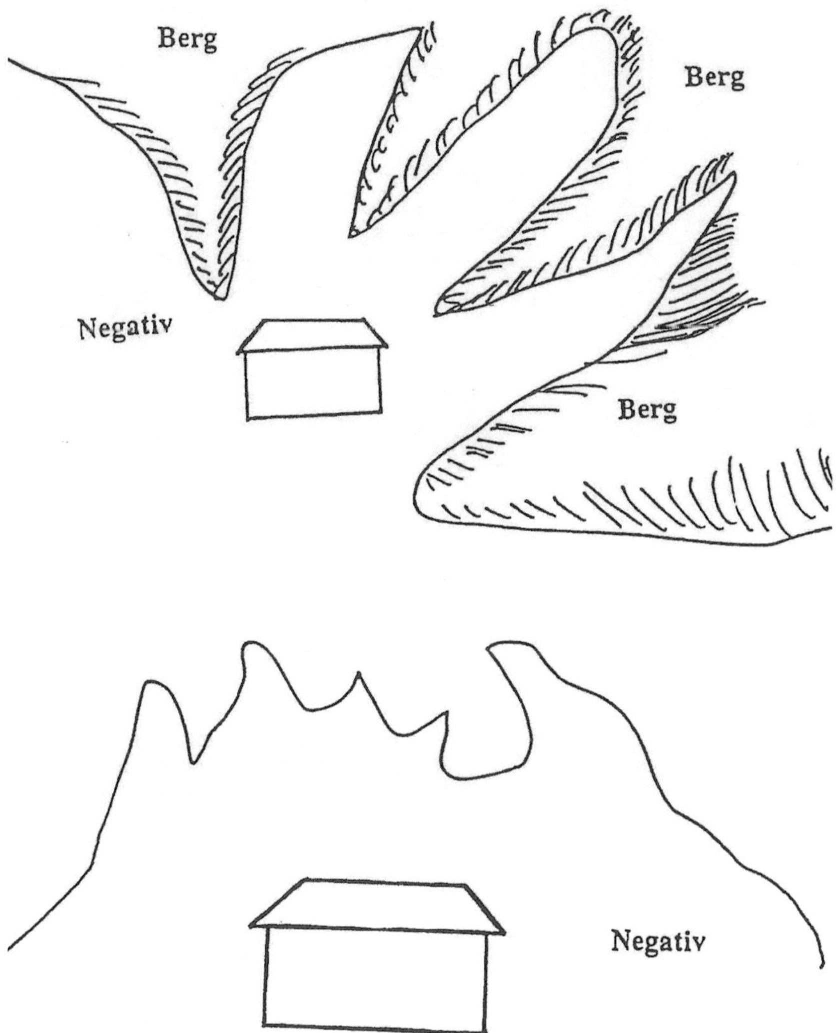
Berg
Berg
Negativ
Berg
Negativ

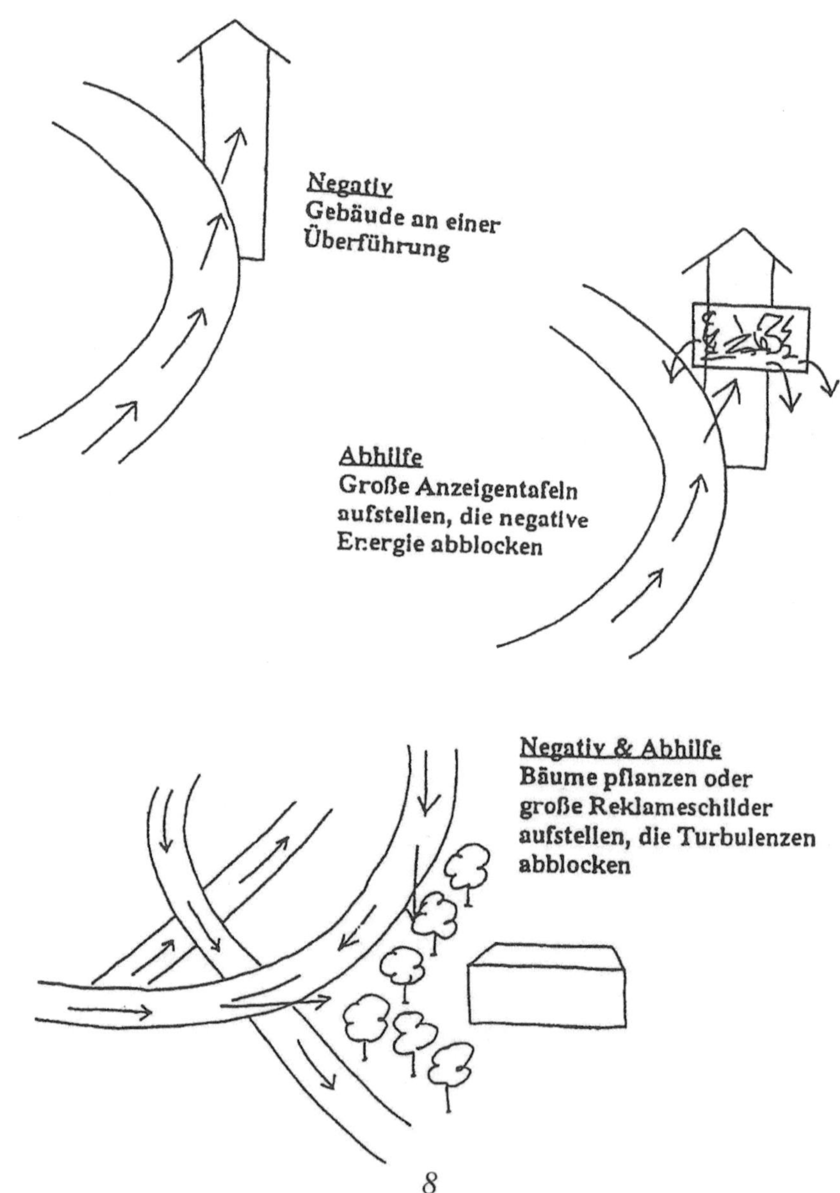

Negativ
Gebäude an einer
Überführung

Abhilfe
Große Anzeigentafeln
aufstellen, die negative
Energie abblocken

Negativ & Abhilfe
Bäume pflanzen oder
große Reklameschilder
aufstellen, die Turbulenzen
abblocken

ANGREIFENDE STRUKTUREN I

Negativ - angreifende Gebäudeecke

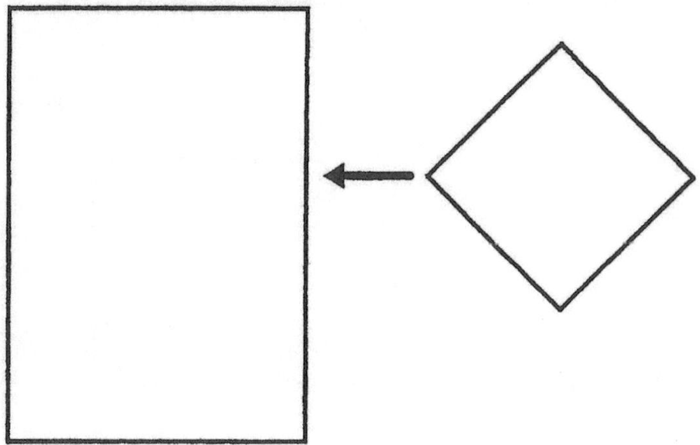

Abhilfe: Fahnenstangen schützen den Eingang

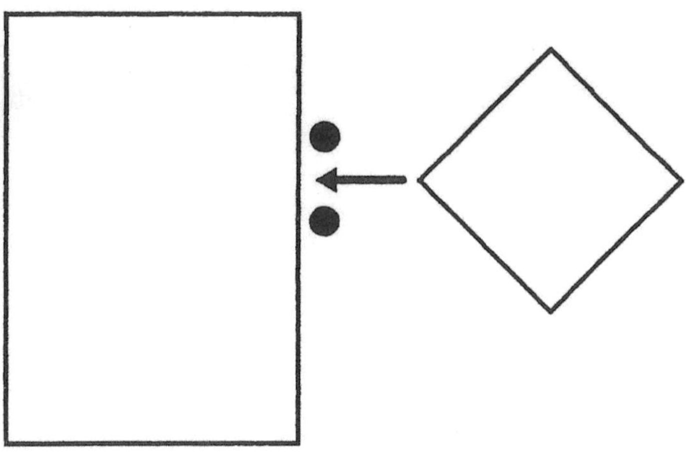

ANGREIFENDE STRUKTUREN II

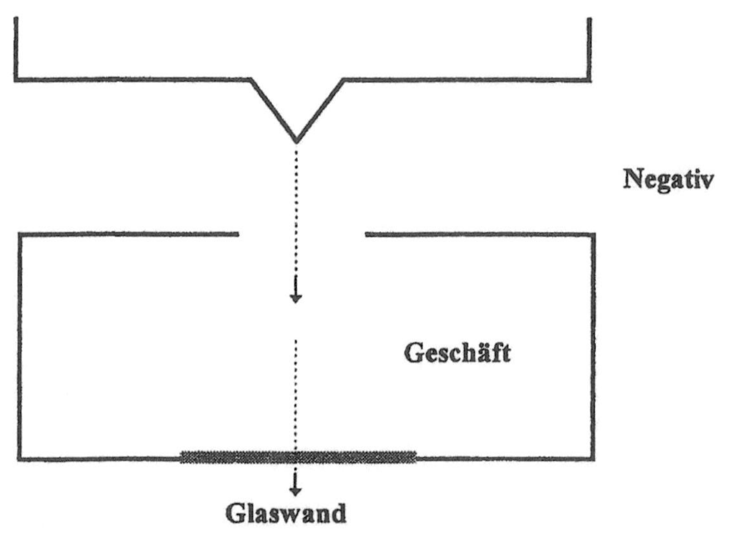

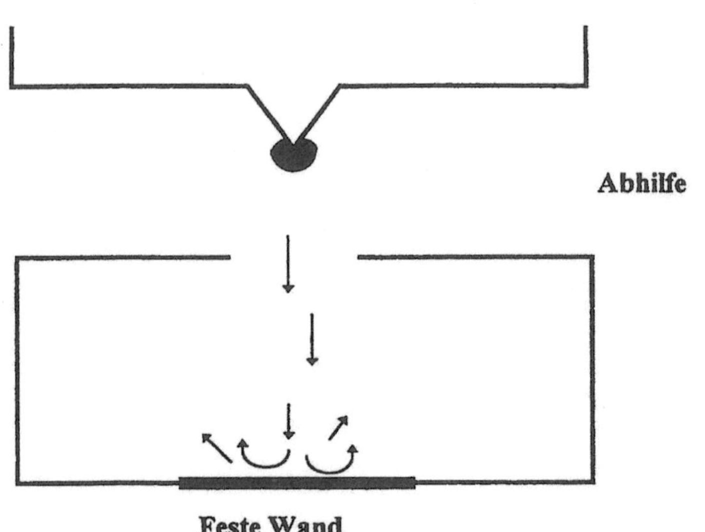

GEBÄUDEFORMEN

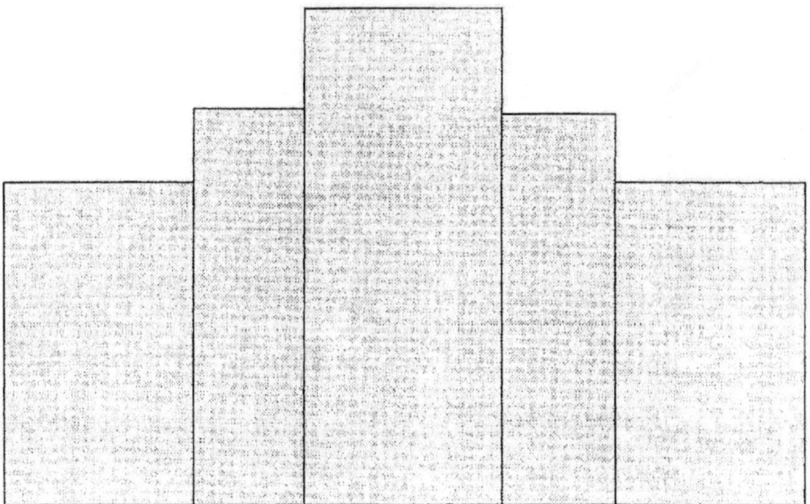

UNTERSCHIEDLICHE GEBÄUDEHÖHE

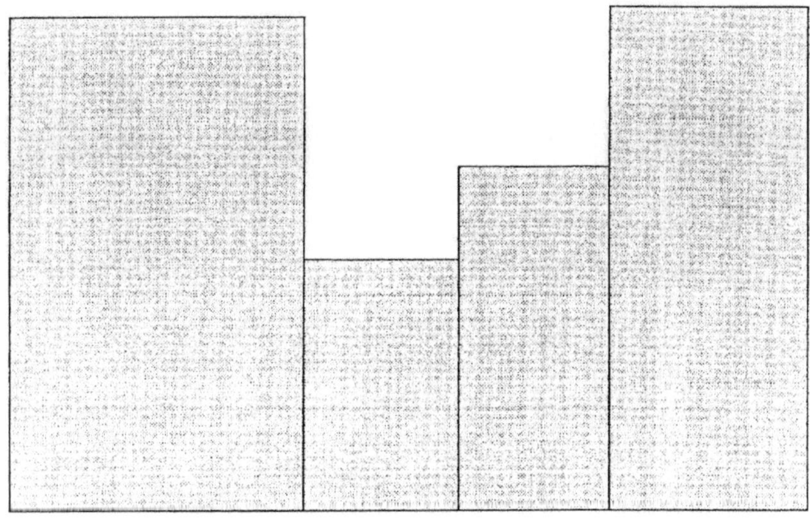

NEGATIV

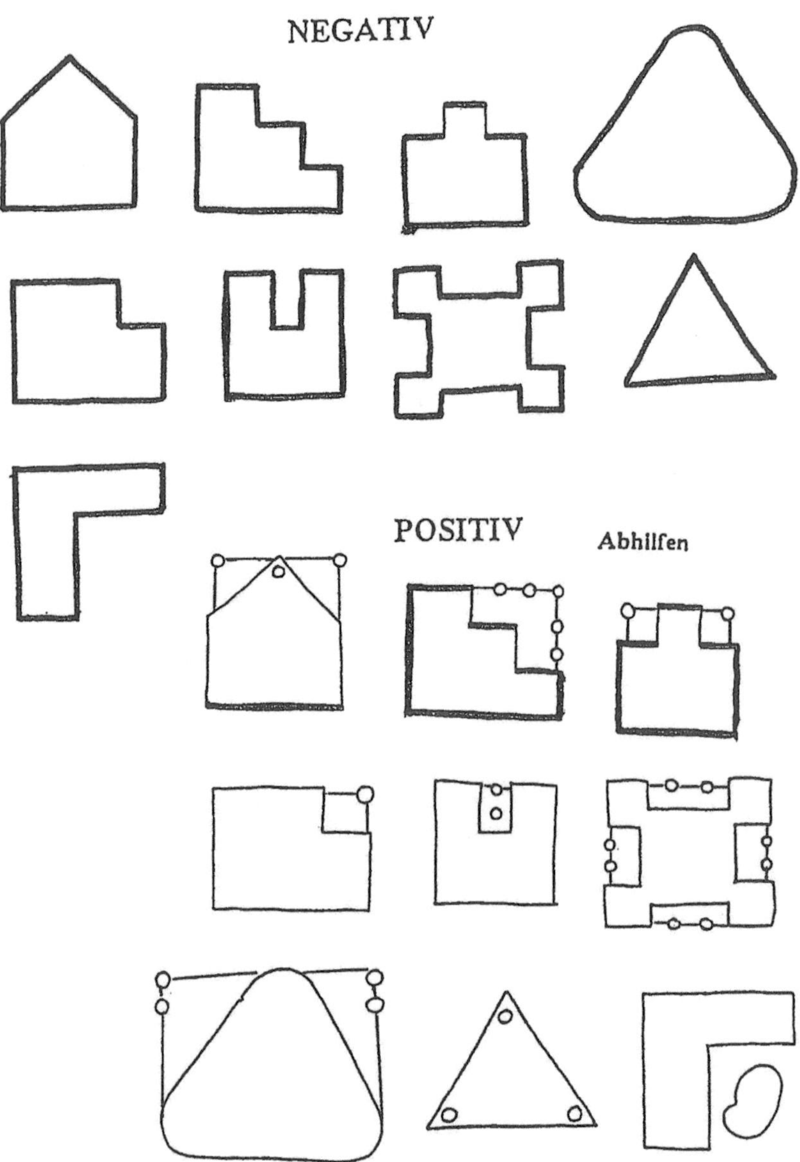

POSITIV

Abhilfen

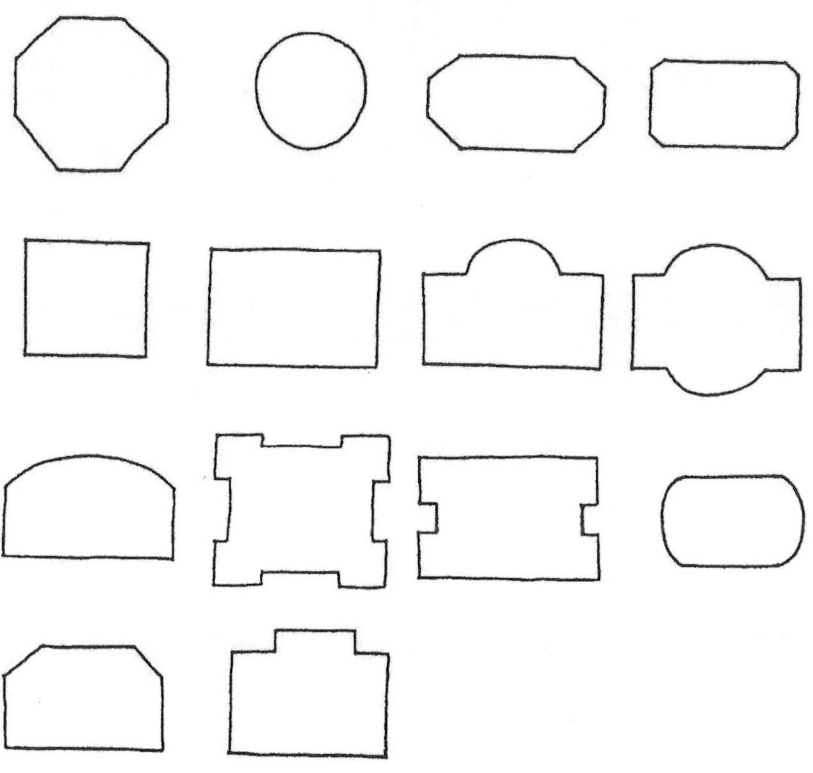

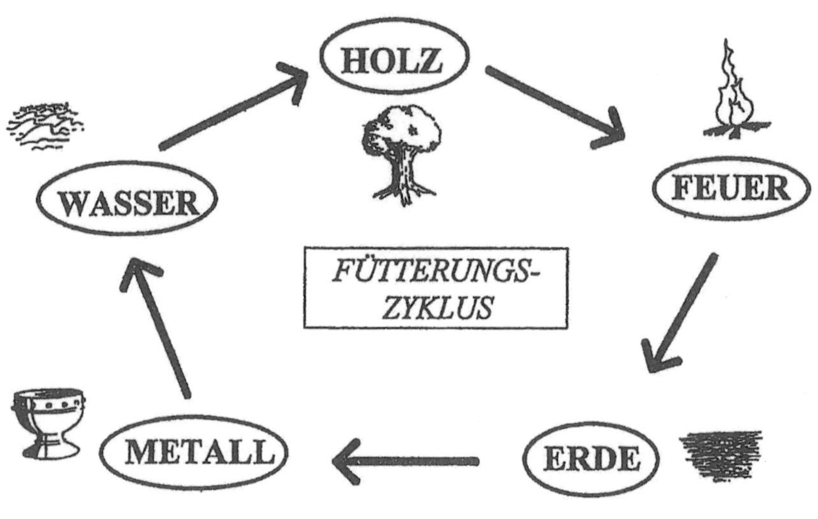
HOLZ
WASSER
FEUER
FÜTTERUNGS-
ZYKLUS
METALL
ERDE

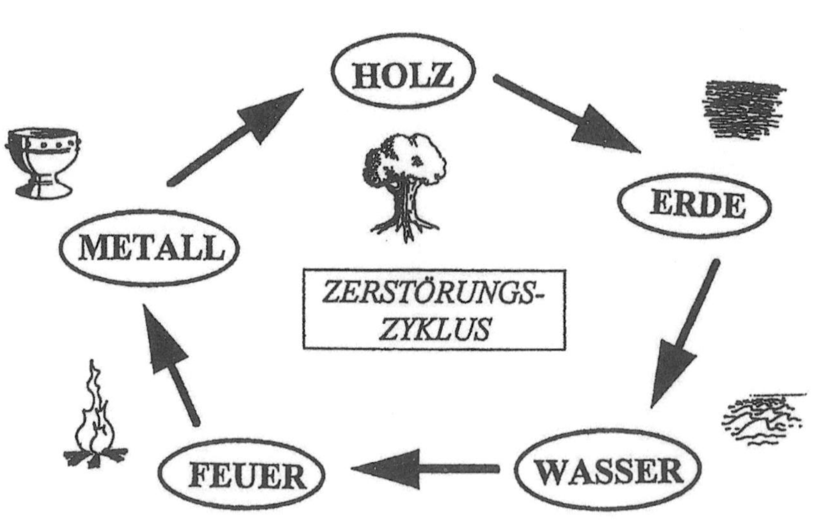
HOLZ
METALL
ERDE
ZERSTÖRUNGS-
ZYKLUS
FEUER
WASSER

DAS GEBURTSJAHRESELEMENT

Anmerkung: Das chinesische Jahr beginnt immer an einem anderen Tag, es richtet sich nach dem zweiten Neumond nach der Wintersonnenwende.

19.02.1901	Metall	Ochse	27.01.1941	Metall	Schlange	05.02.1981	Metall	Hahn
08.02.1902	Wasser	Tiger	15.02.1942	Wasser	Pferd	25.01.1982	Wasser	Hund
29.01.1903	Wasser	Hase	05.02.1943	Wasser	Schaf	13.02.1983	Wasser	Schwein
16.02.1904	Holz	Drache	25.01.1944	Holz	Affe	02.02.1984	Holz	Ratte
04.02.1905	Holz	Schlange	13.02.1945	Holz	Hahn	20.02.1985	Holz	Ochse
25.01.1906	Feuer	Pferd	02.02.1946	Feuer	Hund	09.02.1986	Feuer	Tiger
13.02.1907	Feuer	Schaf	22.01.1947	Feuer	Schwein	29.01.1987	Feuer	Hase
02.02.1908	Erde	Affe	10.02.1948	Erde	Ratte	17.02.1988	Erde	Drache
22.01.1909	Erde	Hahn	29.01.1949	Erde	Ochse	06.02.1989	Erde	Schlange
10.02.1910	Metall	Hund	17.02.1950	Metall	Tiger	27.01.1990	Metall	Pferd
30.01.1911	Metall	Schwein	06.02.1951	Metall	Hase	15.02.1991	Metall	Schaf
18.02.1912	Wasser	Ratte	27.01.1952	Wasser	Drache	04.02.1992	Wasser	Affe
06.02.1913	Wasser	Ochse	14.02.1953	Wasser	Schlange	23.01.1993	Wasser	Hahn
26.01.1914	Holz	Tiger	03.02.1954	Holz	Pferd	10.02.1994	Holz	Hund
14.02.1915	Holz	Hase	24.01.1955	Holz	Schaf	31.01.1995	Holz	Schwein
03.02.1916	Feuer	Drache	12.02.1956	Feuer	Affe	19.02.1996	Feuer	Ratte
23.01.1917	Feuer	Schlange	31.01.1957	Feuer	Hahn	07.02.1997	Feuer	Ochse
11.02.1918	Erde	Pferd	18.02.1958	Erde	Hund	28.01.1998	Erde	Tiger
01.02.1919	Erde	Schaf	08.02.1959	Erde	Schwein	16.02.1999	Erde	Hase
20.02.1920	Metall	Affe	28.01.1960	Metall	Ratte	05.02.2000	Metall	Drache
08.02.1921	Metall	Hahn	15.02.1961	Metall	Ochse	24.01.2001	Metall	Schlange
28.01.1922	Wasser	Hund	05.02.1962	Wasser	Tiger	12.02.2002	Wasser	Pferd
16.02.1923	Wasser	Schwein	25.01.1963	Wasser	Hase	01.02.2003	Wasser	Schaf
05.02.1924	Holz	Ratte	13.02.1964	Holz	Drache	22.01.2004	Holz	Affe
25.01.1925	Holz	Ochse	02.02.1965	Holz	Schlange	09.02.2005	Holz	Hahn
13.02.1926	Feuer	Tiger	21.01.1966	Feuer	Pferd	29.01.2006	Feuer	Hund
02.02.1927	Feuer	Hase	09.02.1967	Feuer	Schaf	18.02.2007	Feuer	Schwein
23.01.1928	Erde	Drache	30.01.1968	Erde	Affe	02.02.2008	Erde	Ratte
10.02.1929	Erde	Schlange	17.02.1969	Erde	Hahn	26.01.2009	Erde	Ochse
30.01.1930	Metall	Pferd	06.02.1970	Metall	Hund	14.01.2010	Metall	Tiger
17.02.1931	Metall	Schaf	27.01.1971	Metall	Schwein	03.02.2011	Metall	Hase
06.02.1932	Wasser	Affe	15.02.1972	Wasser	Ratte	23.01.2012	Wasser	Drache
26.01.1933	Wasser	Hahn	03.02.1973	Wasser	Ochse	10.02.2013	Wasser	Schlange
14.02.1934	Holz	Hund	23.01.1974	Holz	Tiger	31.01.2014	Holz	Pferd
04.02.1935	Holz	Schwein	11.02.1975	Holz	Hase	19.02.2015	Holz	Schaf
24.01.1936	Feuer	Ratte	31.01.1976	Feuer	Drache	08.02.2016	Feuer	Affe
11.02.1937	Feuer	Ochse	18.02.1977	Feuer	Schlange	28.01.2017	Feuer	Hahn
31.01.1938	Erde	Tiger	07.02.1978	Erde	Pferd	16.02.2018	Erde	Hund
19.02.1939	Erde	Hase	28.01.1979	Erde	Schaf	05.02.2019	Erde	Schwein
08.02.1940	Metall	Drache	16.02.1980	Metall	Affe	25.01.2020	Metall	Ratte

DIE FÜNF ELEMENTE BEI GEBÄUDEFORMEN

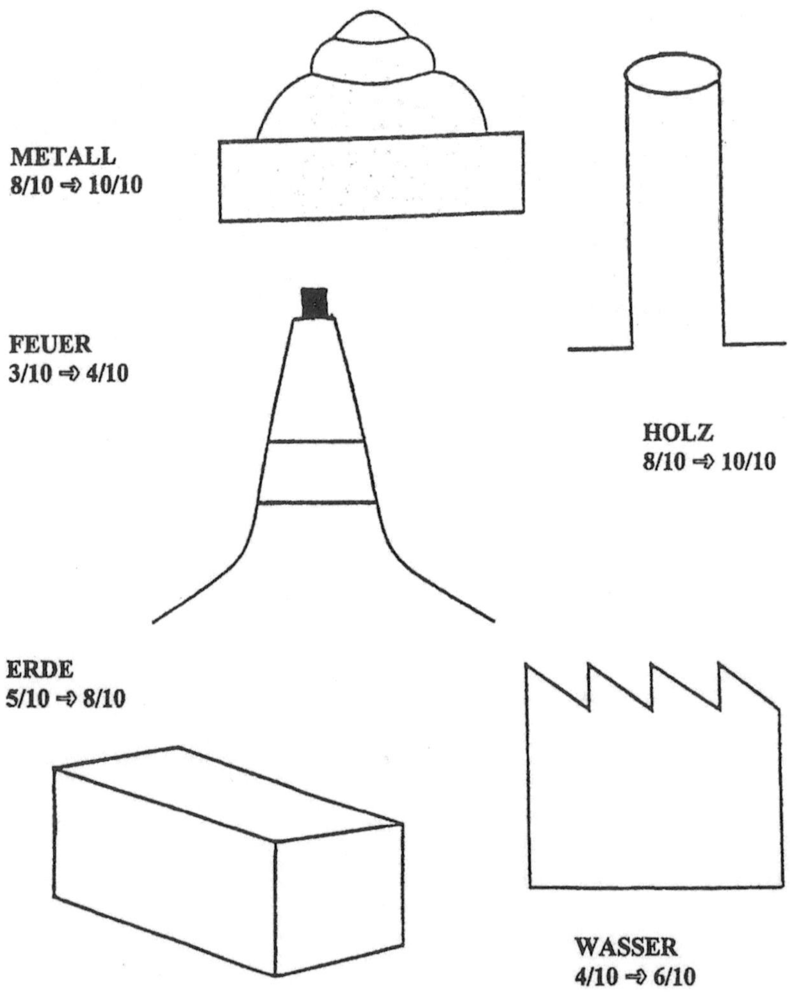

SPEZIELLE DACHSTRUKTUREN

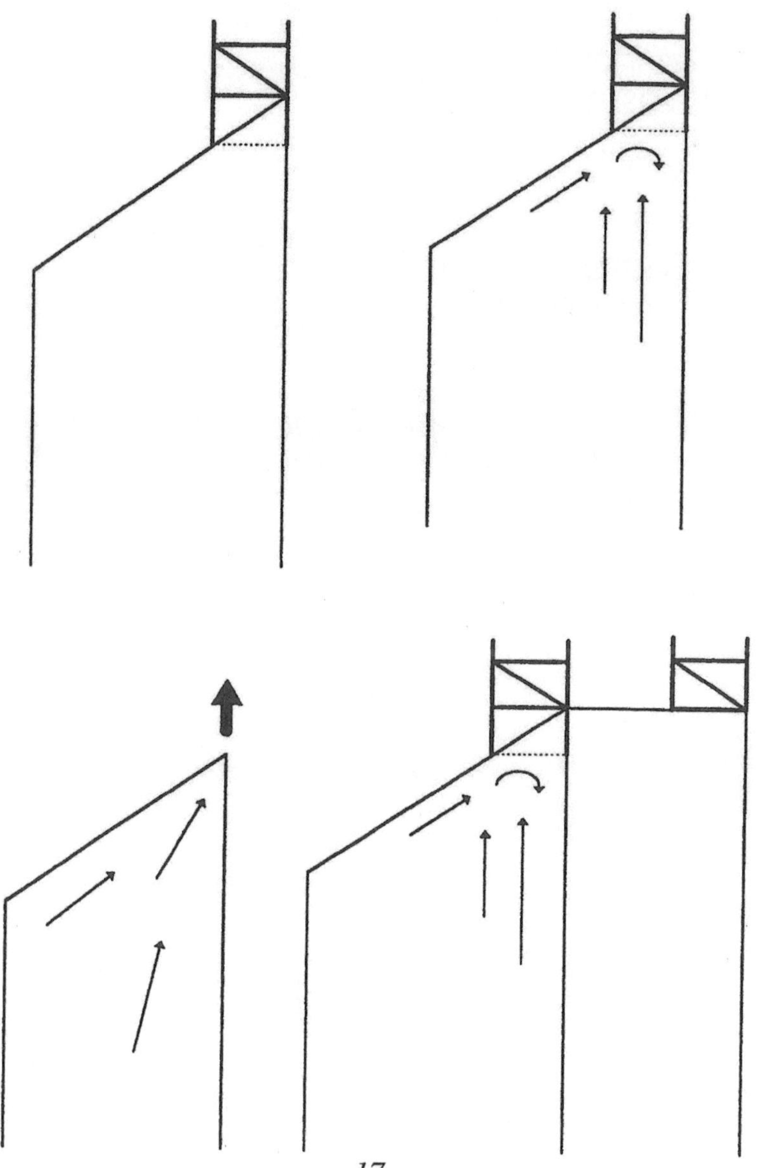

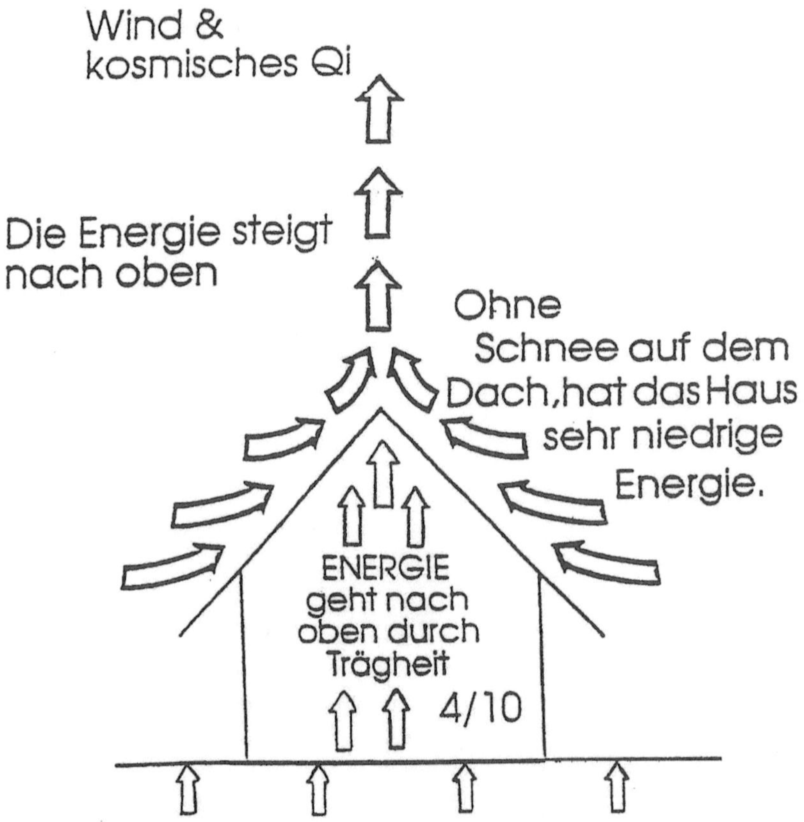

Wind &
kosmisches Qi
Die Energie steigt
nach oben
Ohne
Schnee auf dem
Dach, hat das Haus
sehr niedrige
Energie.
ENERGIE
geht nach
oben durch
Trägheit
4/10
Erdenergie wird nach oben
gezogen und verursacht
Feuchtigkeit und Schimmel
im Haus

BESTIMMUNG DER AUSRICHTUNG DER EINGANGSTÜR

Die beste Türausrichtung kann mit Hilfe des kinesiologischen Tests, anhand von Berechnungen nach dem Geburtsdatum oder nach der Elementelehre ermittelt werden.

1. Bestimmung der besten harmonischen Richtung

2. Bestimmung der zweit- und drittbesten Himmelsrichtung

3. Bestimmung der negativen Himmelsrichtung des Hausbesitzers/Hausbewohners

PREFERRED DIRECTION FOR BUSINESSES
BEVORZUGTE HIMMELSRICHTUNGEN FÜR FIRMEN UND BETRIEBE

GESCHÄFT / FIRMA	BEVORZUGTE HIMMELSRICHTUNG
Anwaltsbüro, Kanzelei, Krankenhaus, Ärztehaus, Transportunternehmen	Norden oder Osten
Steuerberater, Finanzunternehmen, Bank, Architekturbüro	Nordwesten oder Südosten
Import-/Exportfirma, Handelsunternehmen	Norden oder Osten
Lebensmittelgeschäft, Restaurant, Kneipe	Norden oder Südosten

Anmerkung: Dies sind nur allgemeine Richtlinien

LAGE VON EINGANGSTÜR, HINTERTÜR UND FENSTERN

Negative Auswirkungen von direkten Tür- und Fensterlinien

* die gesamte Energie entweicht direkt durch die Hintertür, ohne zuvor die übrigen Räume zu erreichen

* die Arbeitenden haben nicht genügend Qi für gute Gesundheit

* den Arbeitenden mangelt es an Vitalität und Motivation, es treten Gesundheitsprobleme auf

* die Arbeitenden haben bei der Arbeit wenig Energie, machen mehr Fehler und zeigen mangelhafte Leistungen.

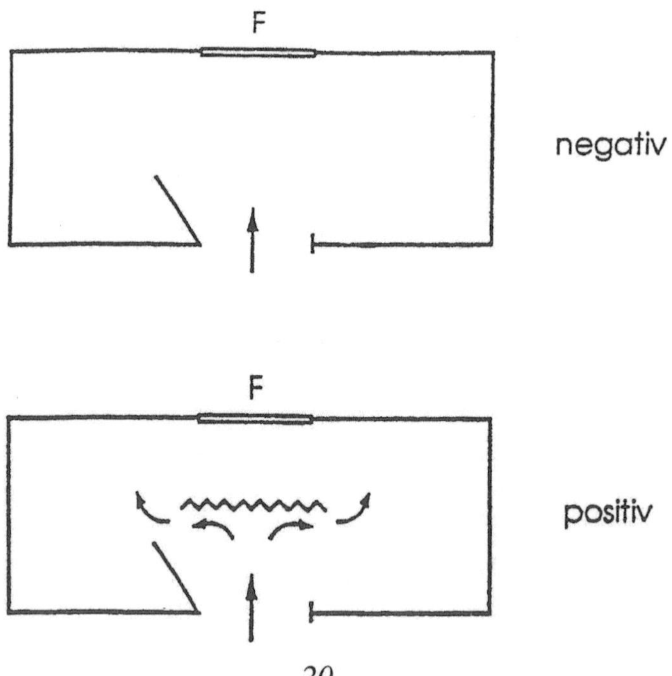

LAGE VON EINGANGSTÜR UND FENSTERN

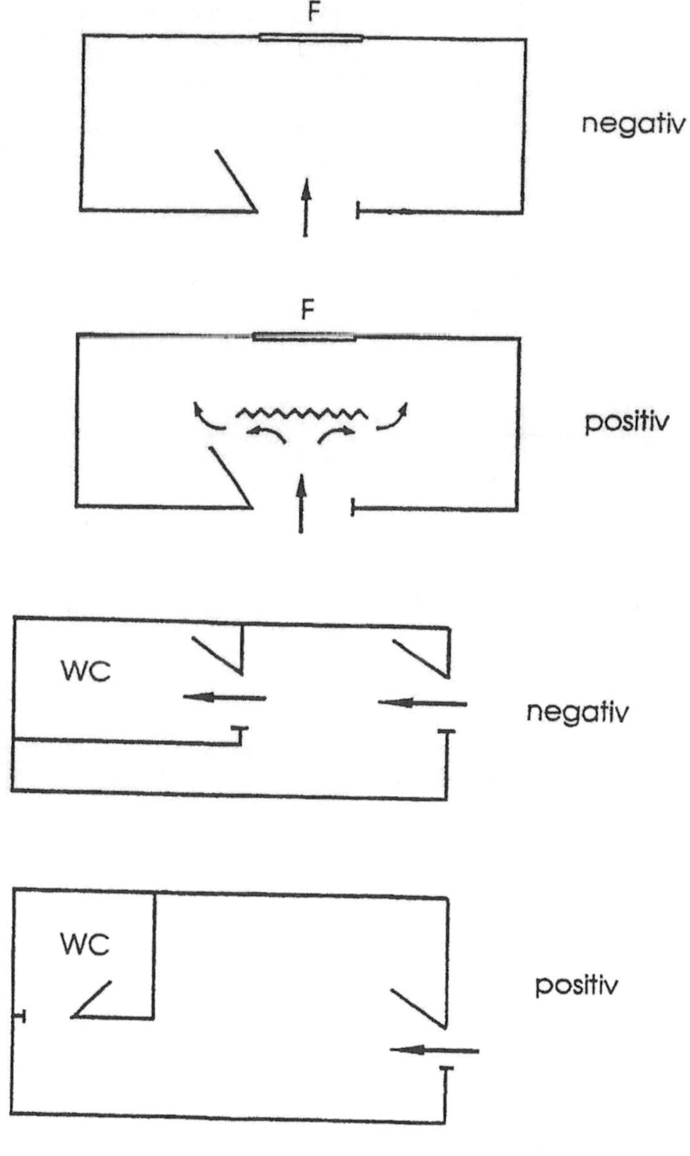

1)

2)

3)

4)

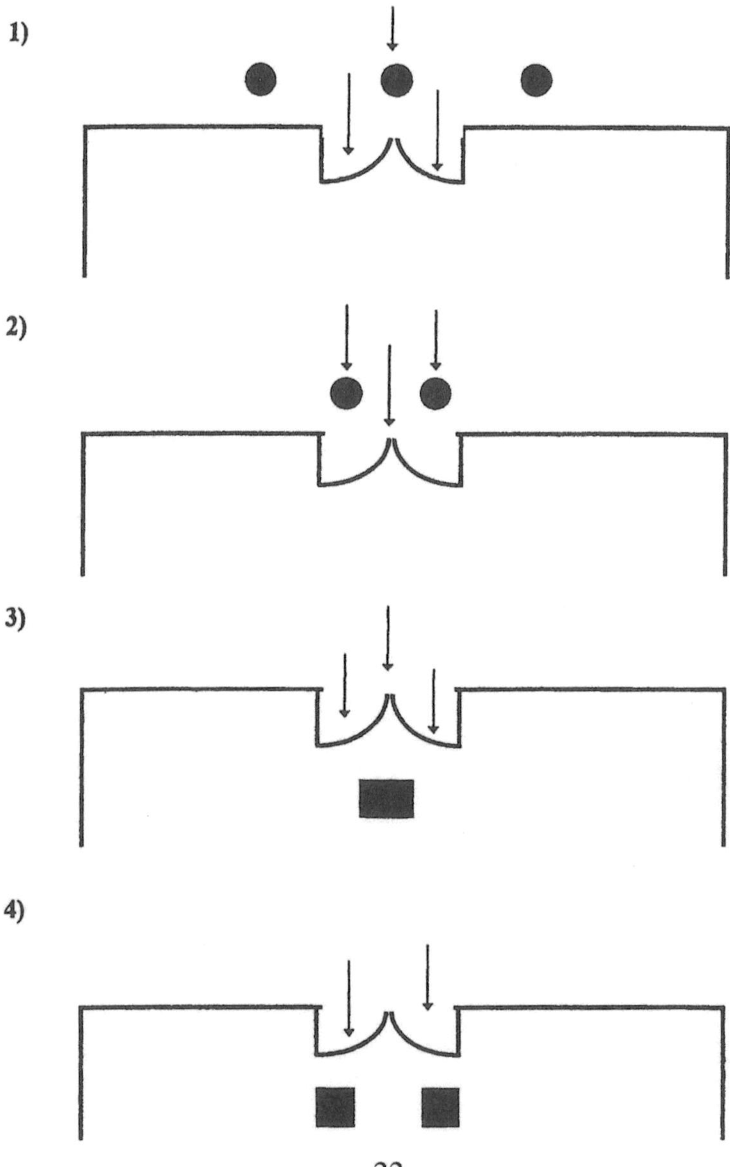

ENERGIEFLUß IM GEBÄUDE

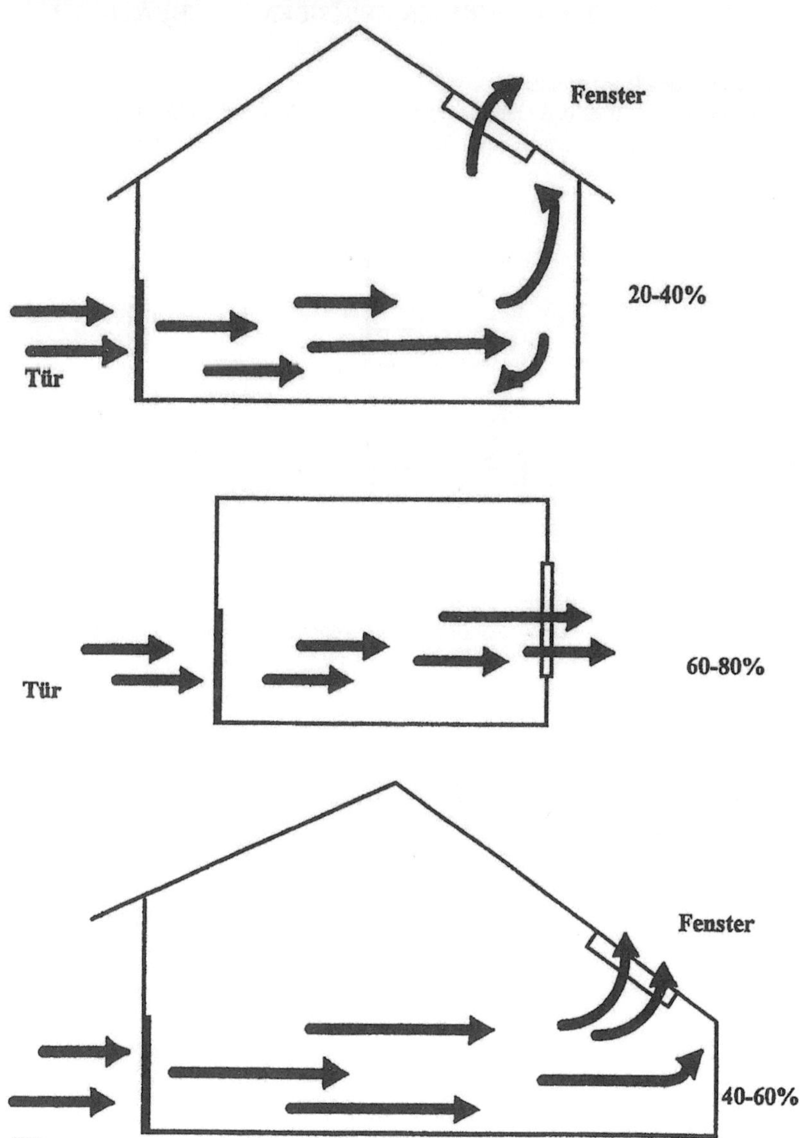

FENG SHUI VON MEHRSTÖCKIGEN GEBÄUDEN / HOCHHÄUSERN

1) Geschlossenes Treppenhaus
Die Energie kommt über den Hauseingang hinein, alle Wohnungstüren befinden sich
im geschlossenen Treppenhaus. Die Wohnungen in den oberen Stockwerken haben
niedriges Feng Shui.

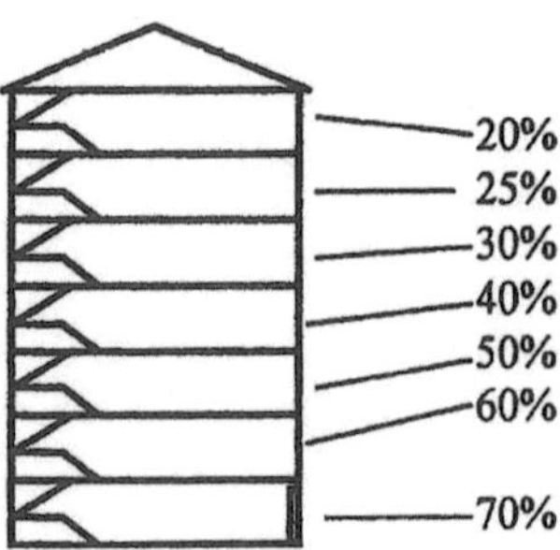

**2) Ein Hauseingang, die Eingangstüren zu den Wohnungen liegen im Freien auf einem
offenen, balkonähnlichen Gang. Somit hat jede Wohnung unterschiedliches Feng
Shui.**

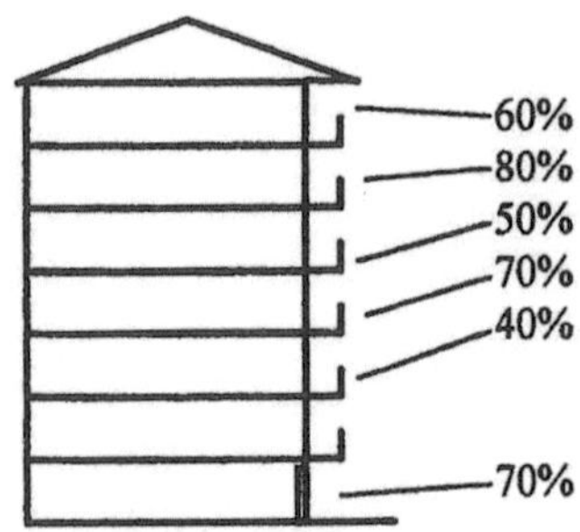

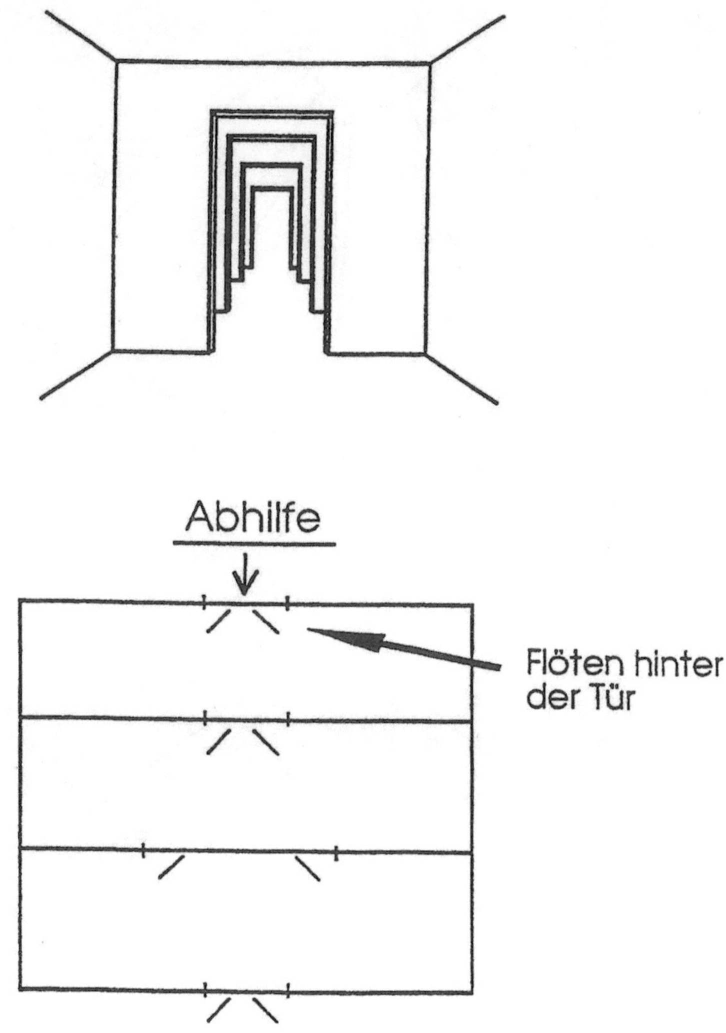

Abhilfe
Flöten hinter
der Tür

ENERGIEFLUß BEI DECKENBALKEN

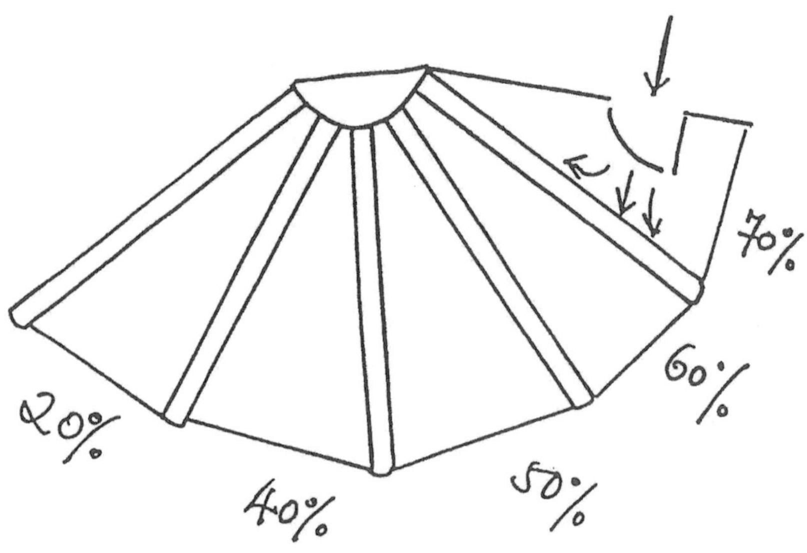

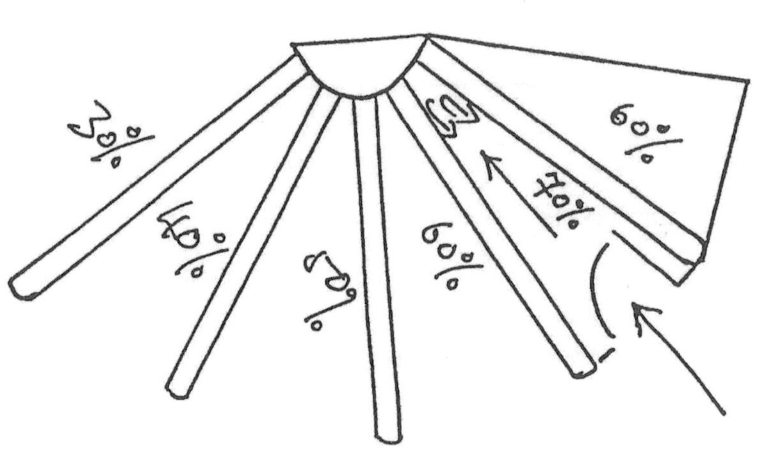

NEGATIVE AUSWIRKUNGEN VON DECKENBALKEN

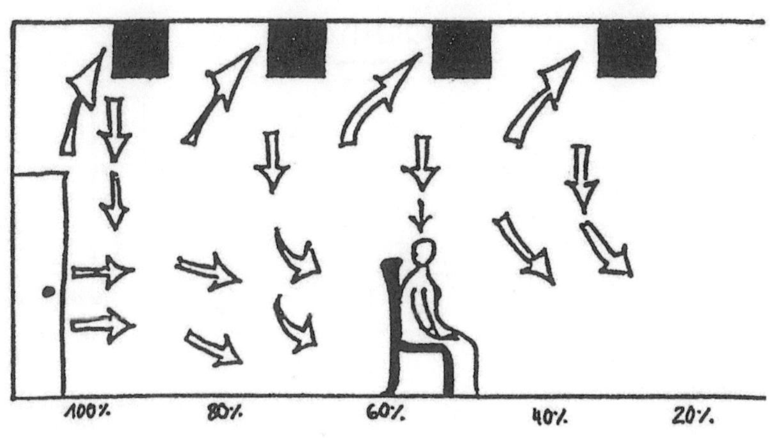

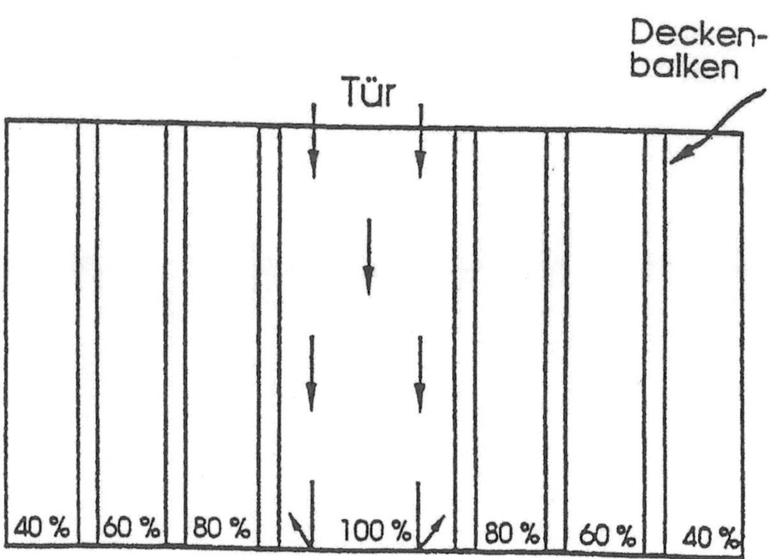

negativ

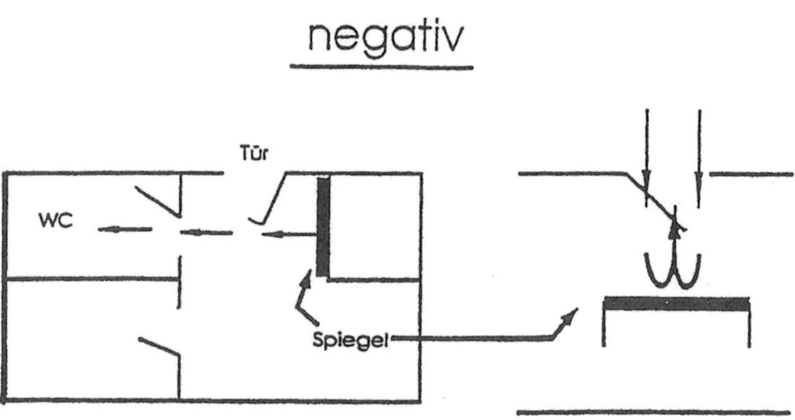

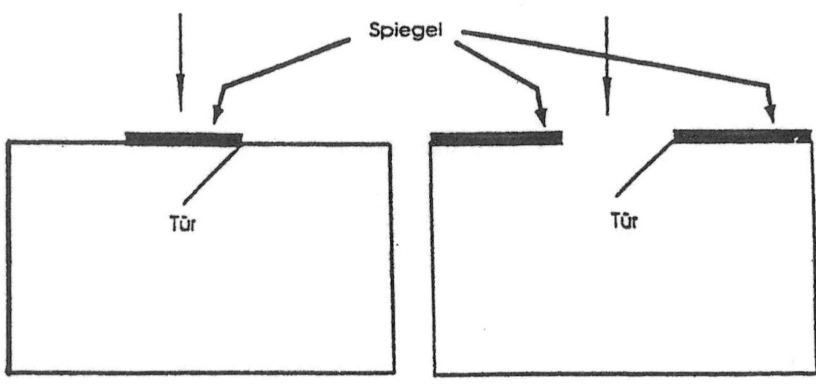

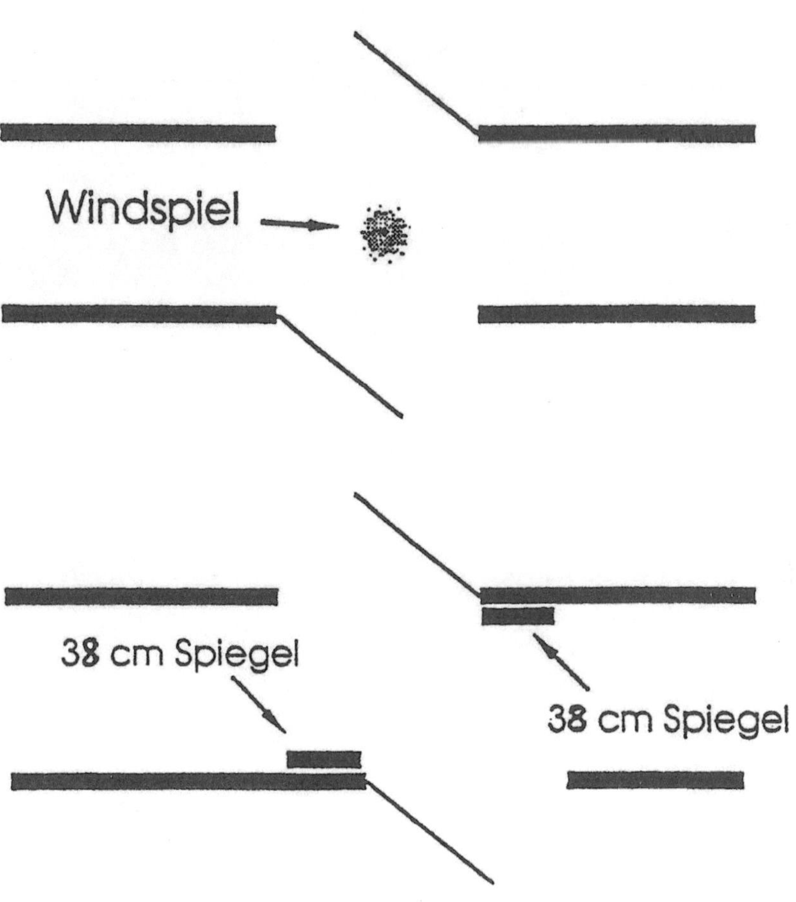

Windspiel
38 cm Spiegel
38 cm Spiegel

POSITIVE WIRKUNG VON DREHTÜREN

- Drehtüren, insbesondere wenn es sich um automatische Drehtüren handelt, verstärken die Energie in einem Gebäude.

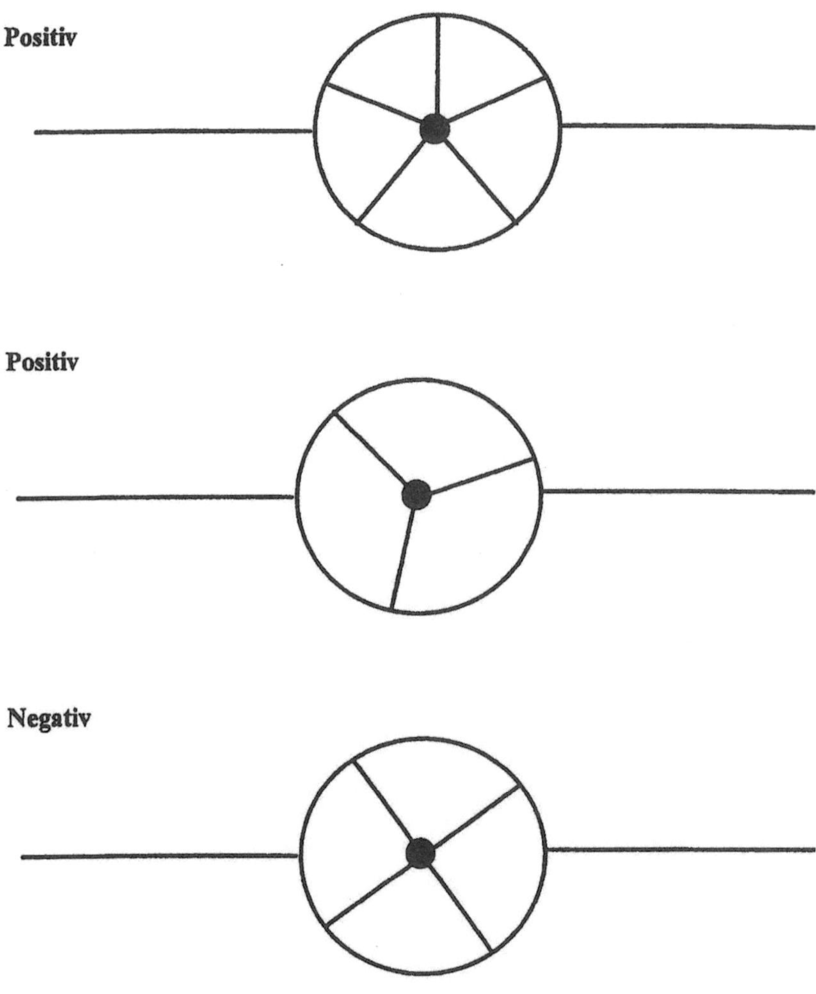

ARBEITSPLATZ IM BÜRO 1

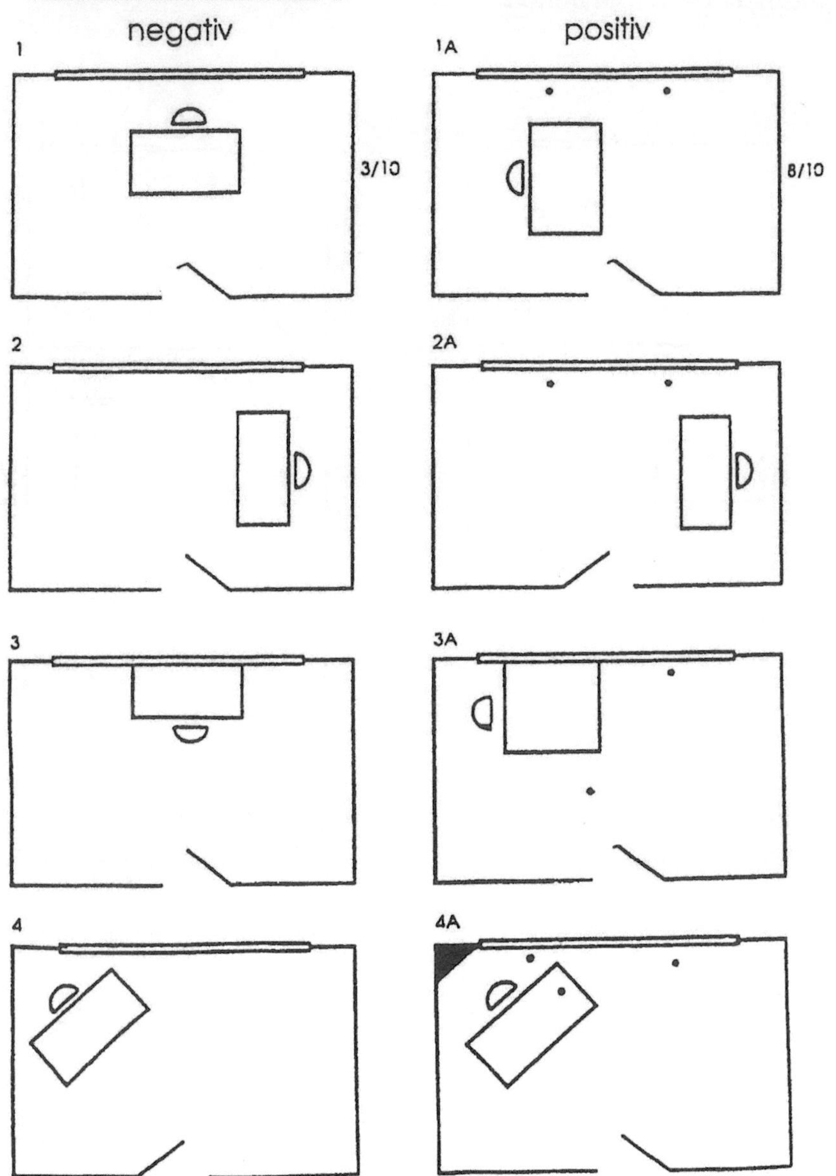

ARBEITSPLATZ IM BÜRO 2

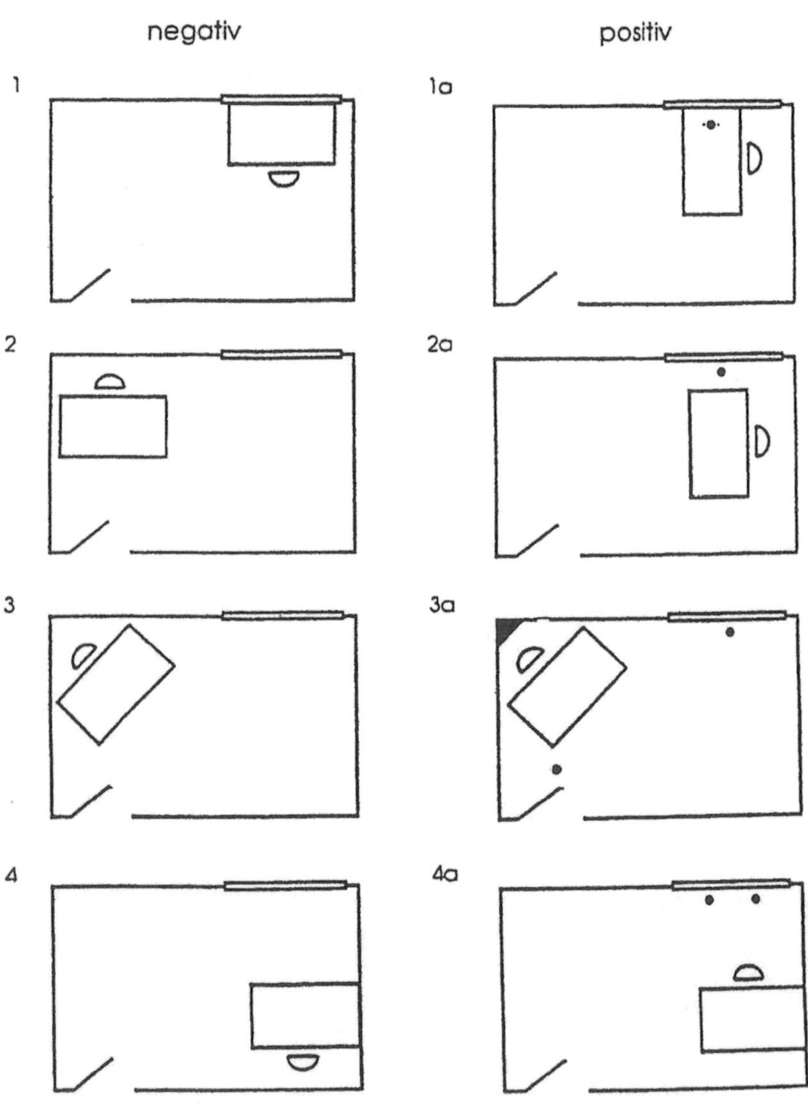

ARBEITSPLATZ IM BÜRO 3

negativ

positiv

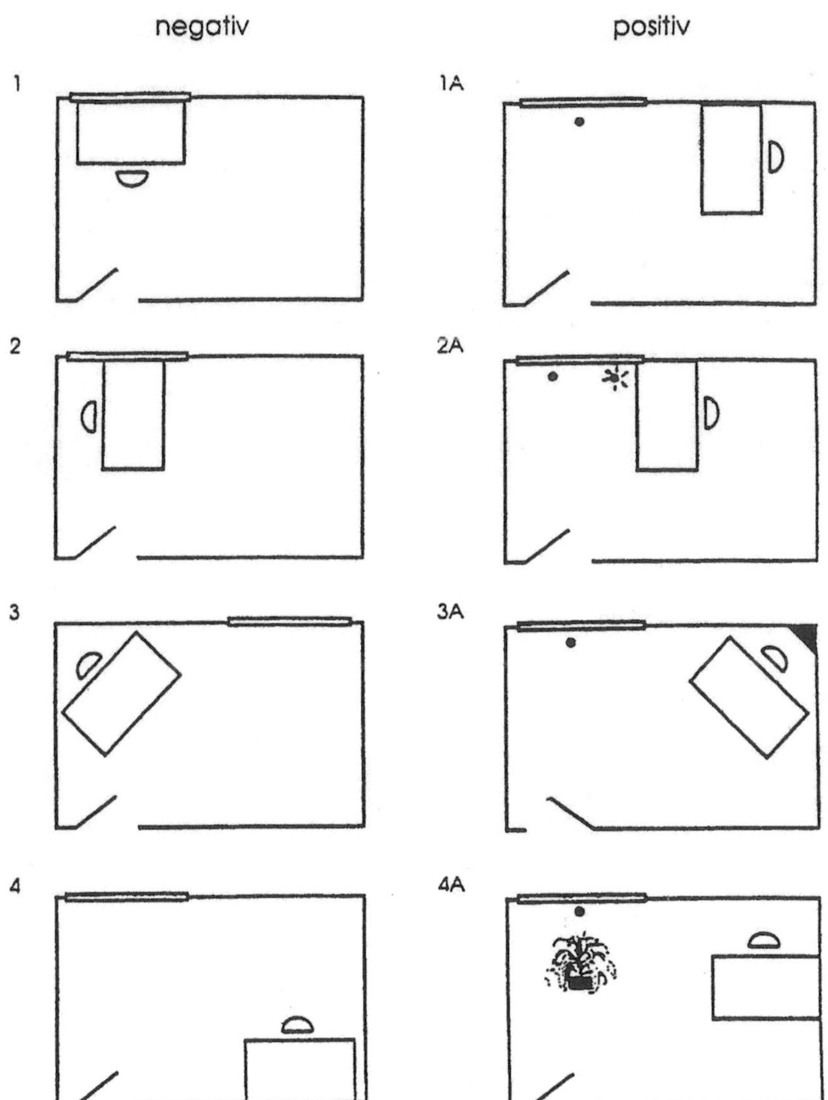

ARBEITSPLATZ IM BÜRO 4

negativ   positiv

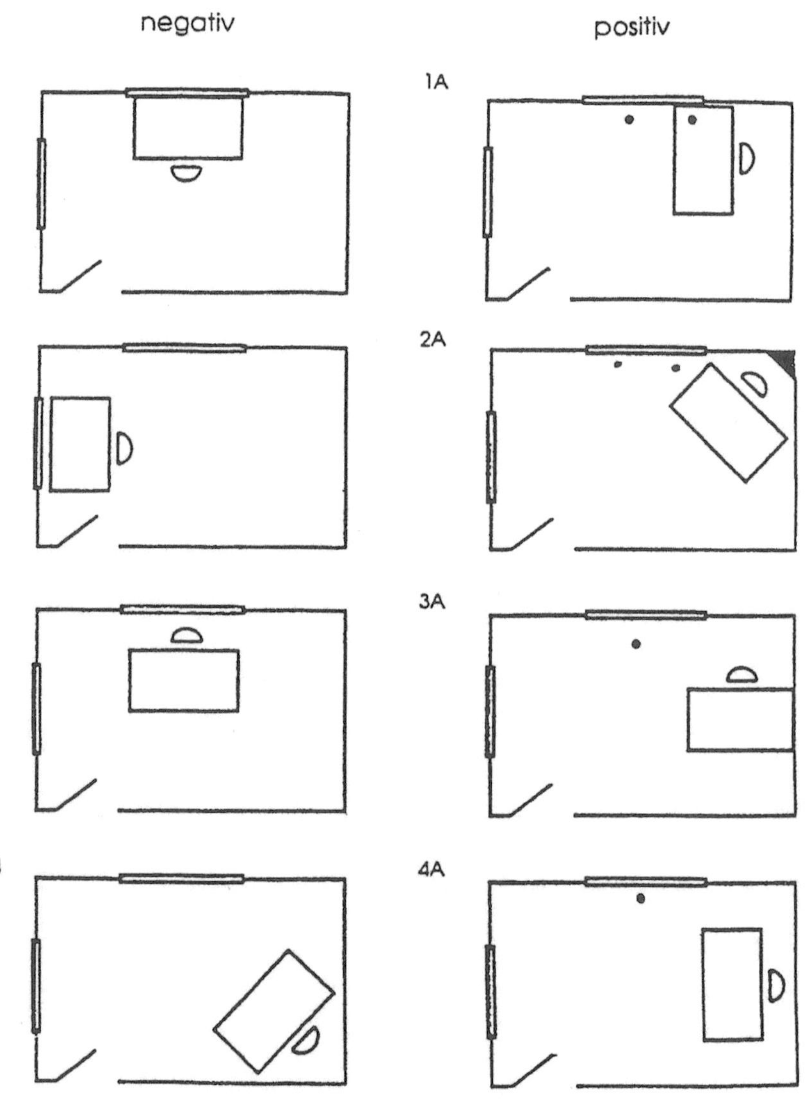

ARBEITSPLATZ IM BÜRO 5

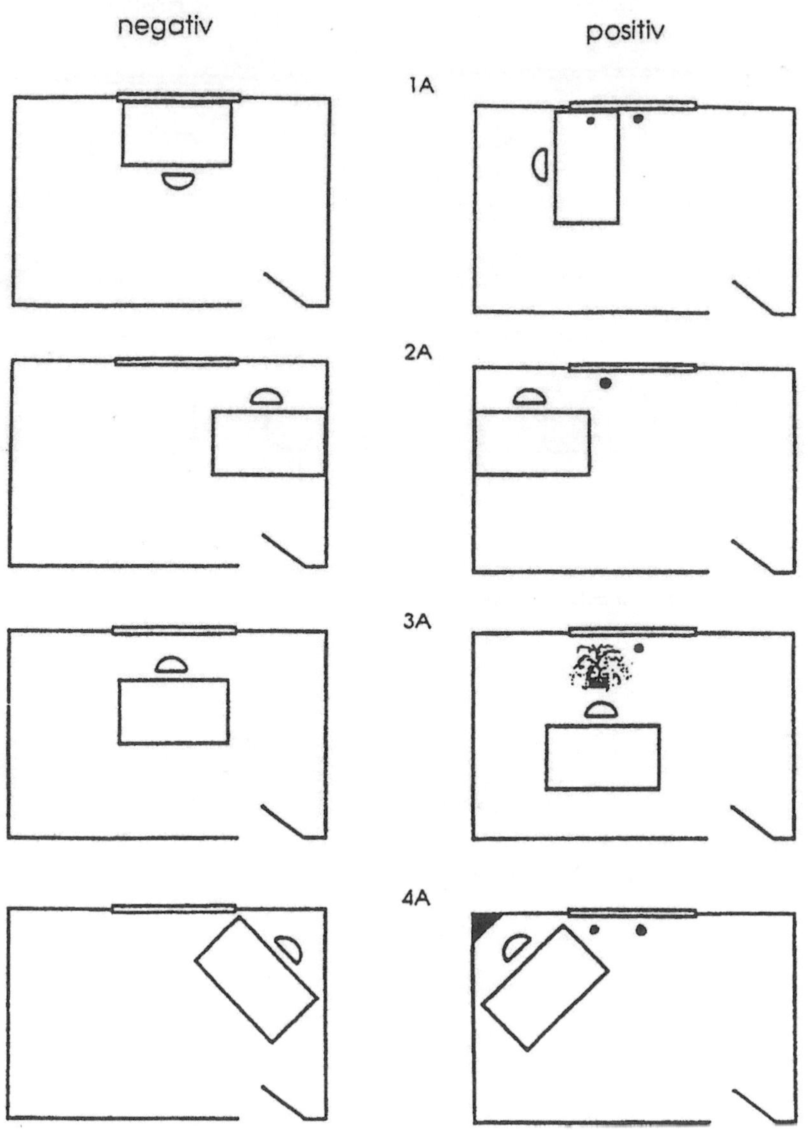

ARBEITSPLATZ IM BÜRO 6

negativ

positiv

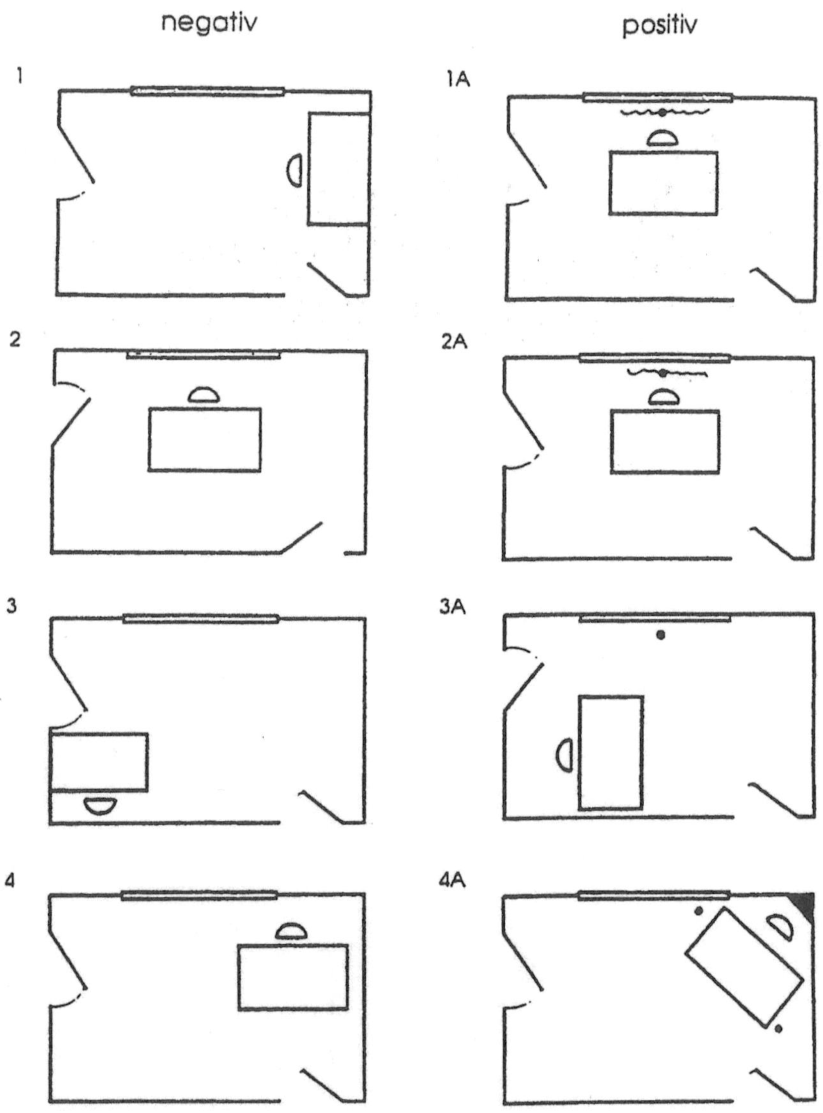

ARBEITSPLATZ IM BÜRO 7

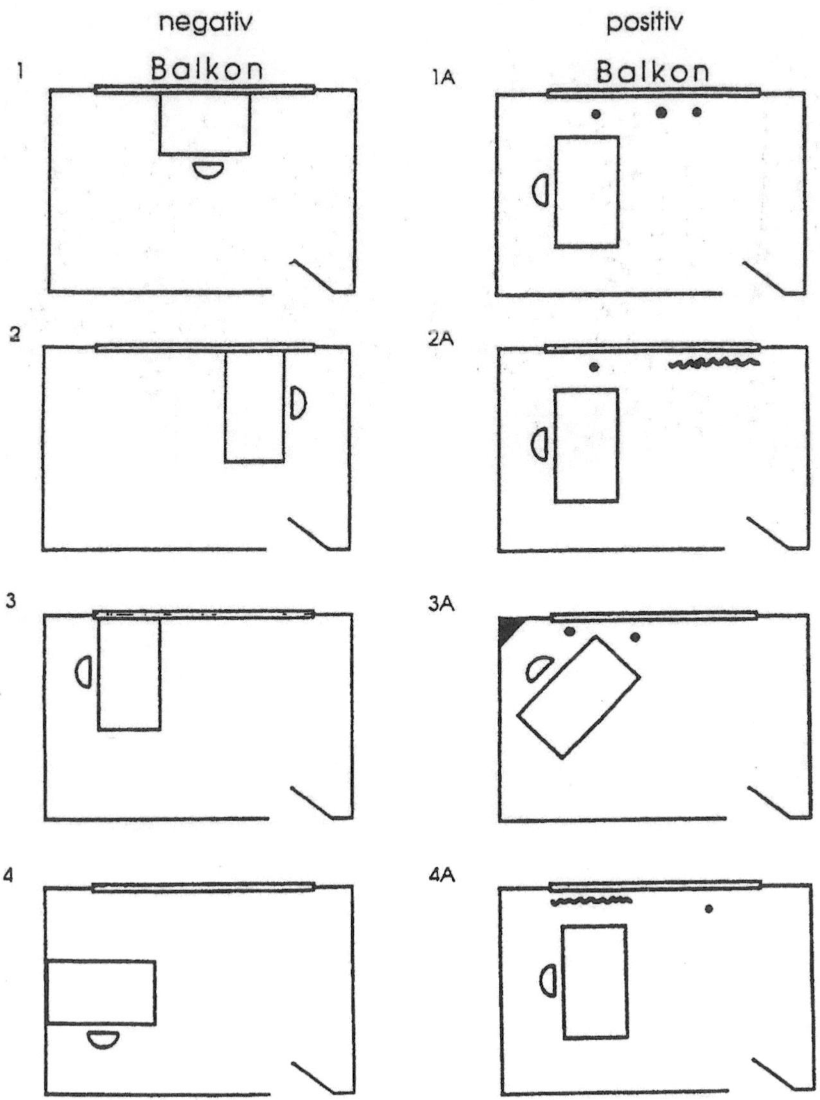

ARBEITSPLATZ IM BÜRO 8

negativ   positiv

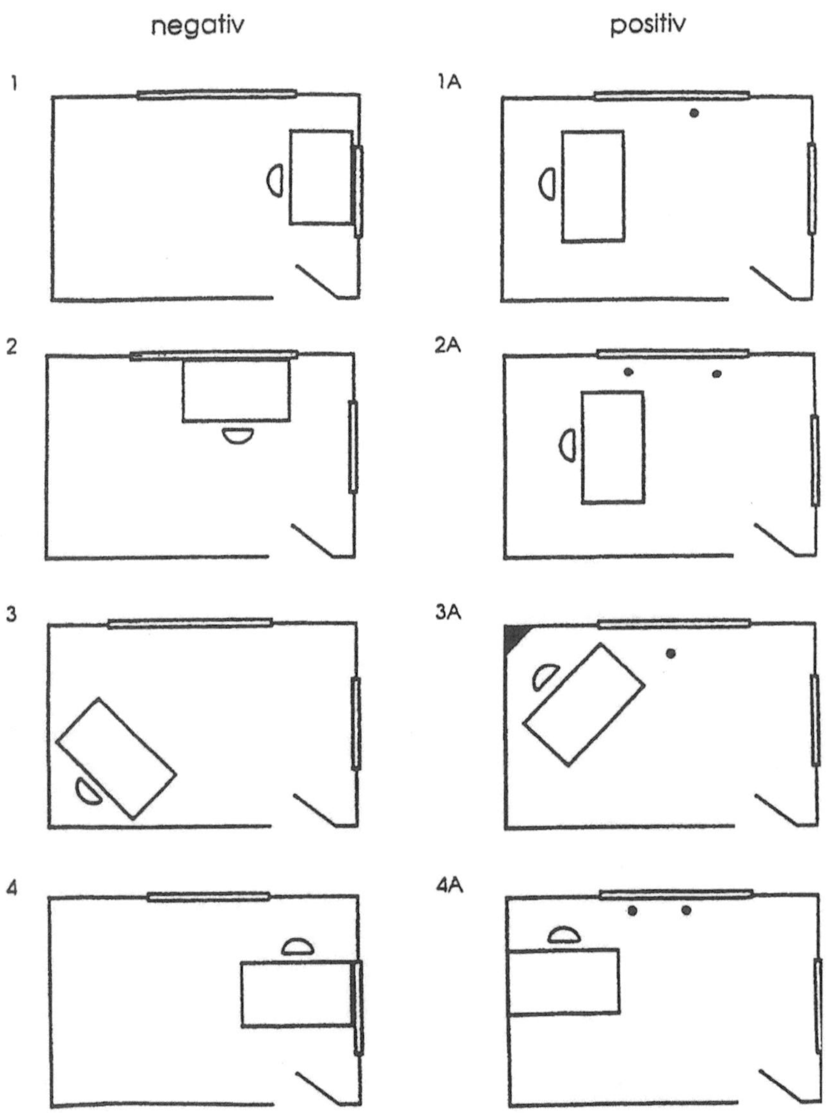

negativ   positiv

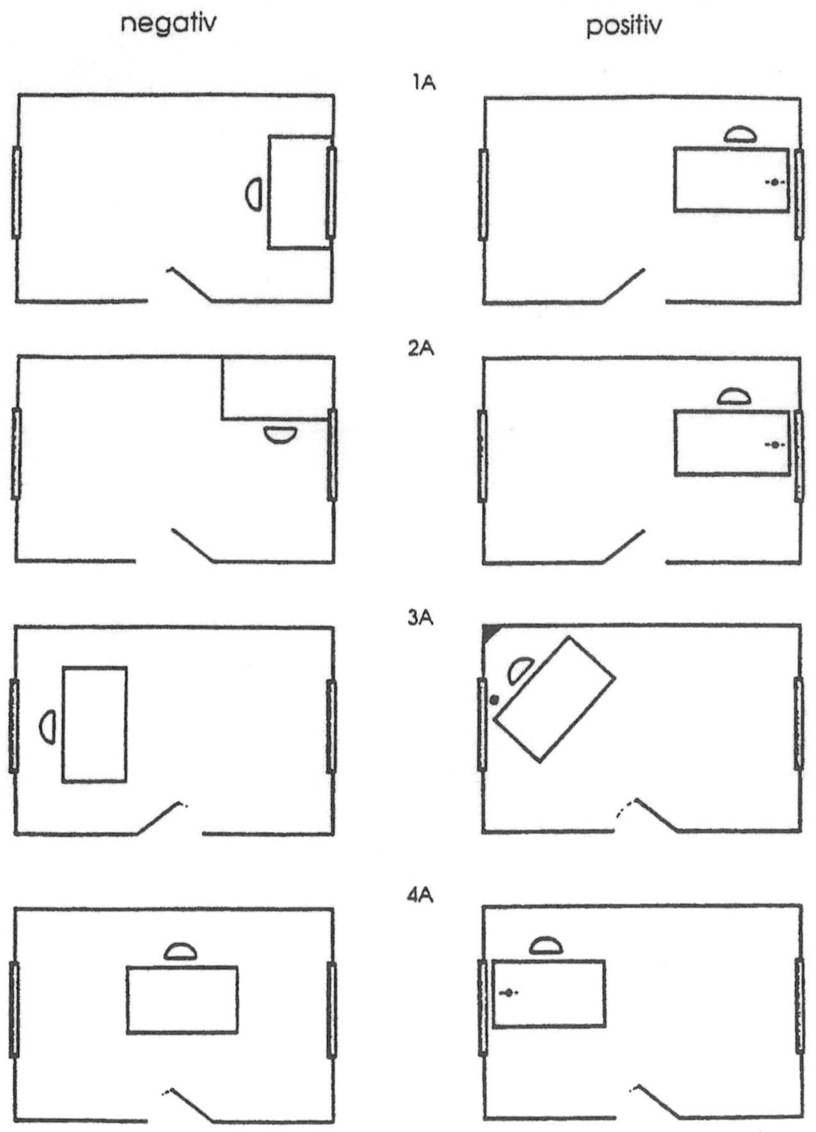

WIRKUNG VON ECKEN

LICHTSCHALTER UND STECKDOSEN AM ARBEITSPLATZ

ARBEITSPLATZ IN FENSTERNÄHE

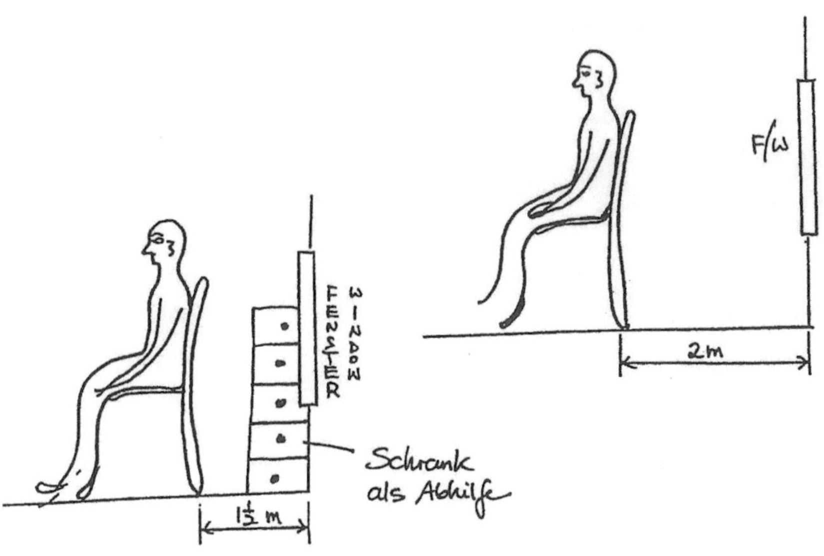

DAS CHINESISCHE FENG SHUI-LINEAL

Viele Feng Shui-Experten glauben, daß bestimmte Raum- und Größenverhältnisse erfolgsfördernd sind. Aus diesem Grund benutzen chinesische Tischler, Maurer und Geomantiespezialisten sehr häufig ein spezielles Lineal (Ting-Lan), das die günstigen und ungünstigen Maße zeigt.

Ein Feng Shui-Fuß mißt knapp 43 cm, das ist z.B. die durchschnittliche Größe asiatischer Briefkästen. Damit soll sichergestellt sein, daß die darin befindlichen Briefe und Dokumente von Wohlstand umgeben sind.

Auch Türen oder Fenster in günstigen Feng Shui-Maßen gelten als erfolgsfördernd.
Der Arbeitstisch sollte ebenfalls günstige Feng Shui-Maße aufweisen. Auf diese Weise wird ein konzentriertes Arbeiten unterstützt.

Zusammenfassung der Haupt- und Unterabschnitte

Abschnitt 1 - CHAI - Reichtum
0 - 5, 37 cm
a) Reichtum kommt
b) Schatzkiste
c) Sechs Harmonien und Glück
d) Großer Reichtum

Abschnitt 2 - PING - Krankheit
5, 38 - 10,74 cm
a) Verlust des Vermögens
b) Schlechte Erfahrungen mit Behörden
c) Bei Nichteinhaltung der Gesetze
   droht Gefängnis
d) Waise, Witwe, Witwer

Abschnitt 3 - LI - Trennung
10,75 - 16,11 cm
a) Reichtum wird verwehrt
b) Geldraub
c) Betrug
d) Vollständiger Verlust

Abschnitt 4 - YI - Großmut und Integrität
16,12 - 21,48 cm
a) Reiche Nachkommenschaft
b) Profitables Einkommen
c) Talentierte Nachkommen
d) Viel Glück und Wohlstand

Abschnitt 5 - KWAN - Macht der Behörden
21,49 - 26, 85 cm
a) Lebensmittelreichtum
b) Nebeneinkommen
c) Verbessertes Einkommen
d) Reich und nobel

Abschnitt 6 - CHIEH - Katastrophe
26,86 - 32,22 cm
a) Abreise und Tod
b) Verlust von Nachkommen
c) Gezwungen, das Haus der Vorfahren zu verlassen
   Verlust der Arbeit
d) Geldverlust

Abschnitt 7 - HAI - Schaden und Verletzung
32,23 - 37,59 cm
a) Unglücke und Katastrophen
b) Möglicher Tod
c) Anfällig für Krankheiten
d) Gerichtsprozesse und Streitigkeiten

Abschnitt 8 - PEN - Quelle oder Kapital
37, 60 - 42,96 cm
a) Reichtum kommt
b) Beruflicher Aufstieg
c) Großer Reichtum kommt
d) Alles wird zu Gold

ARBEITSPLATZ IM BÜRO 10

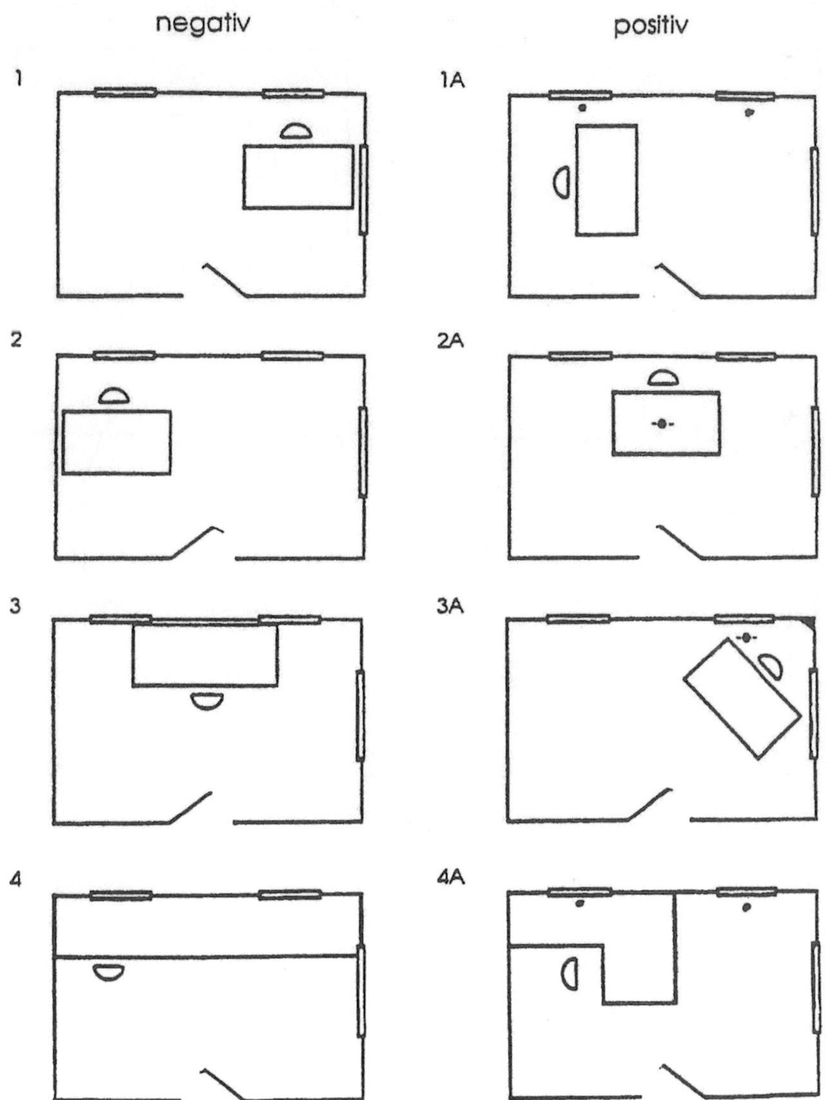

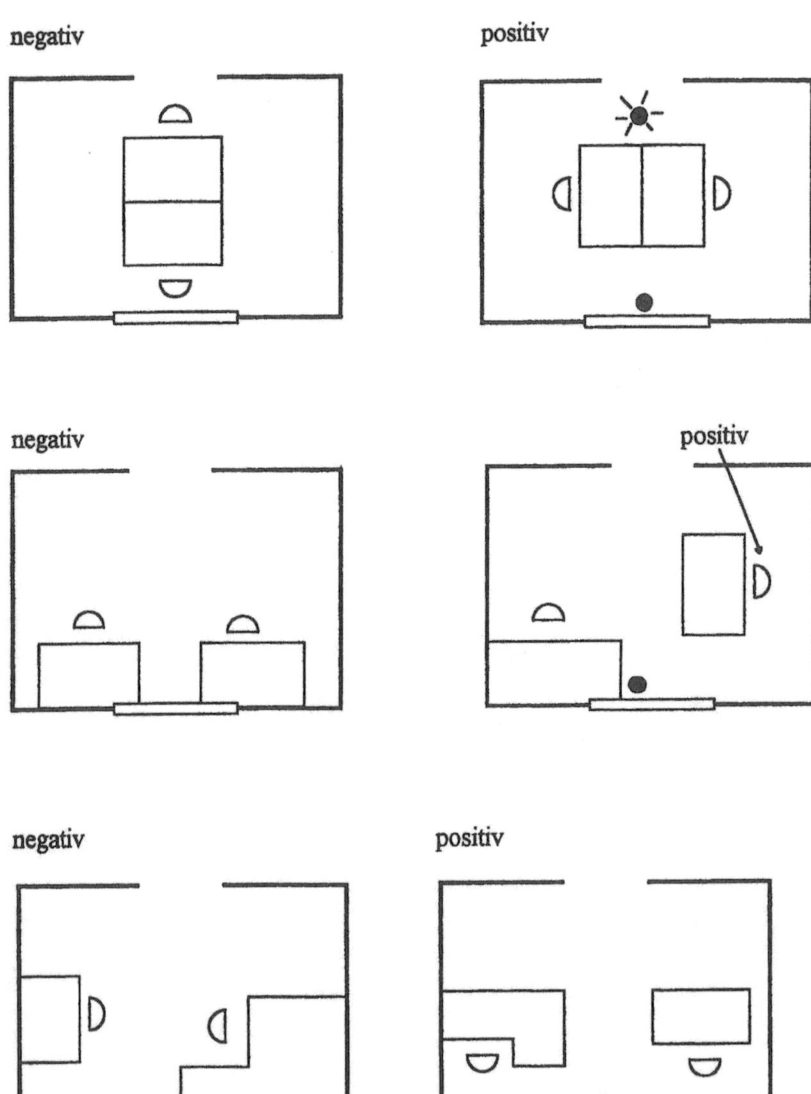

negativ
positiv
negativ
positiv
negativ
positiv

ARBEITSPLATZ FÜR ÄRZTE UND THERAPEUTEN

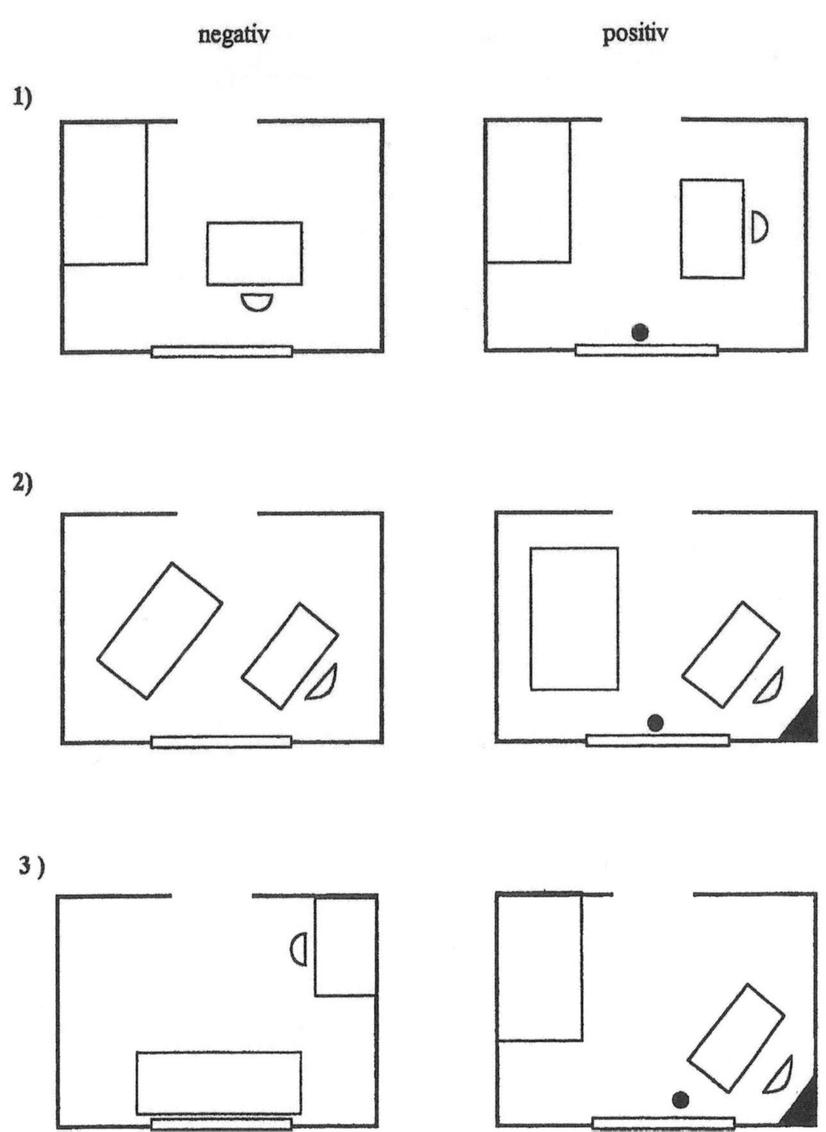

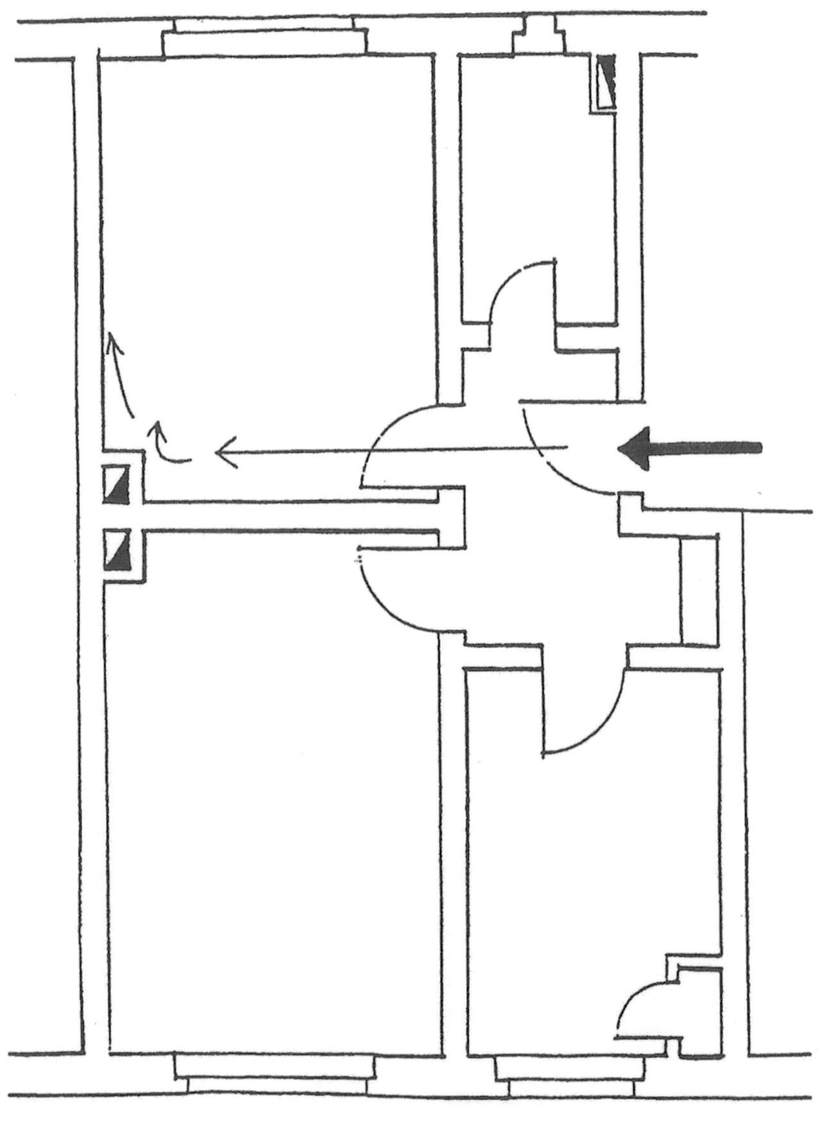

DECKENVERKLEIDUNG

negativ

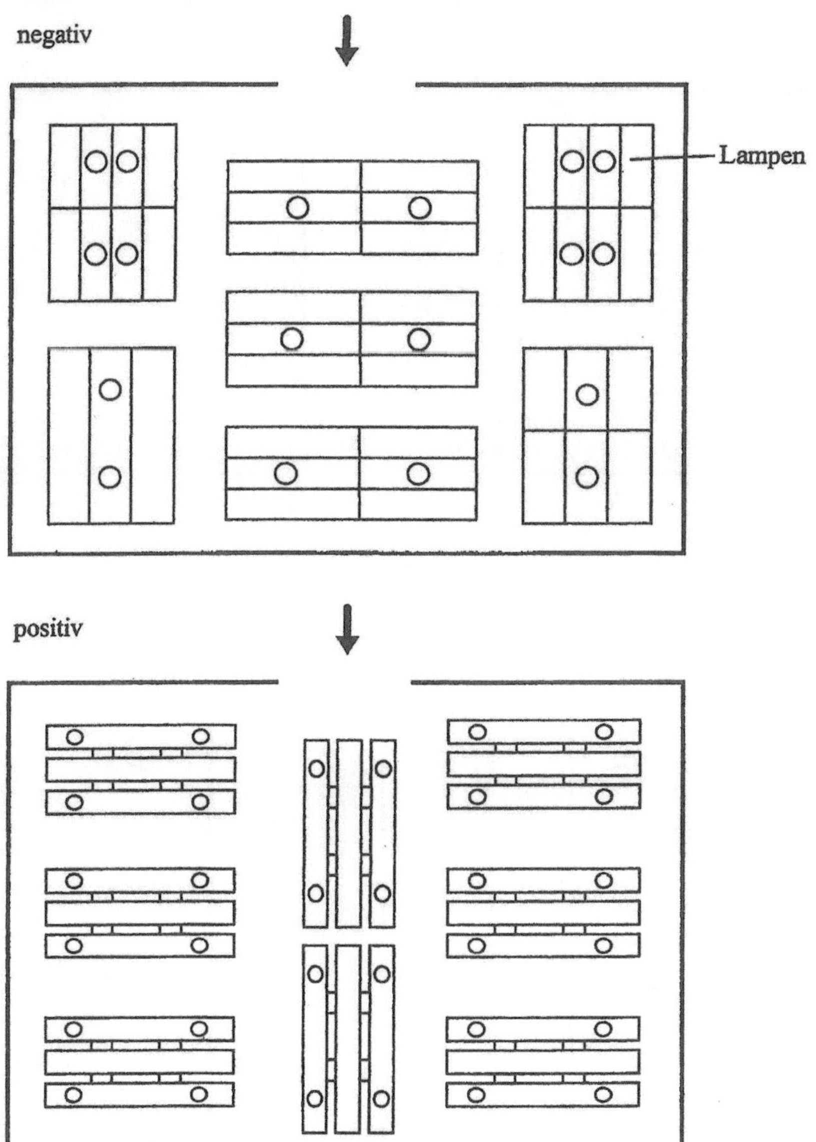

positiv

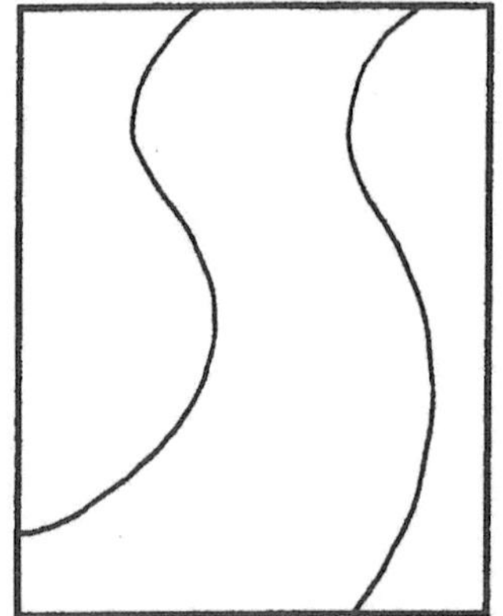

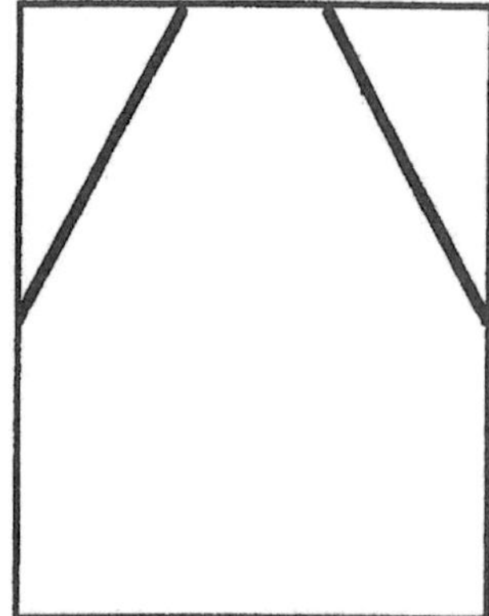

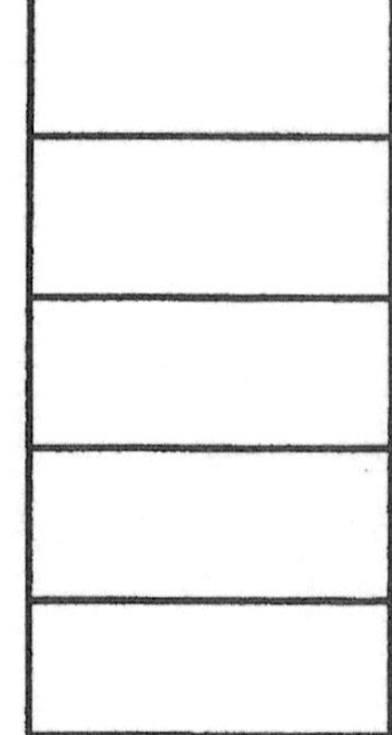

BÜROGRUNDRISSE

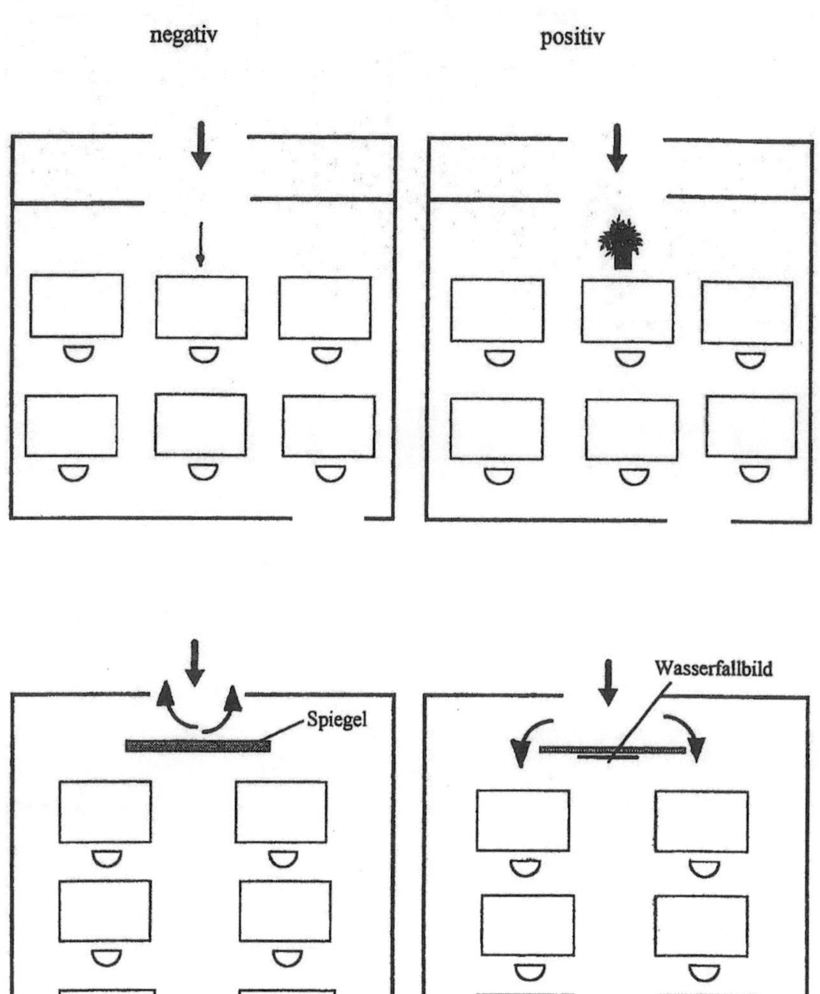

VORTRAGS- UND SEMINARRAUM

negativ   positiv

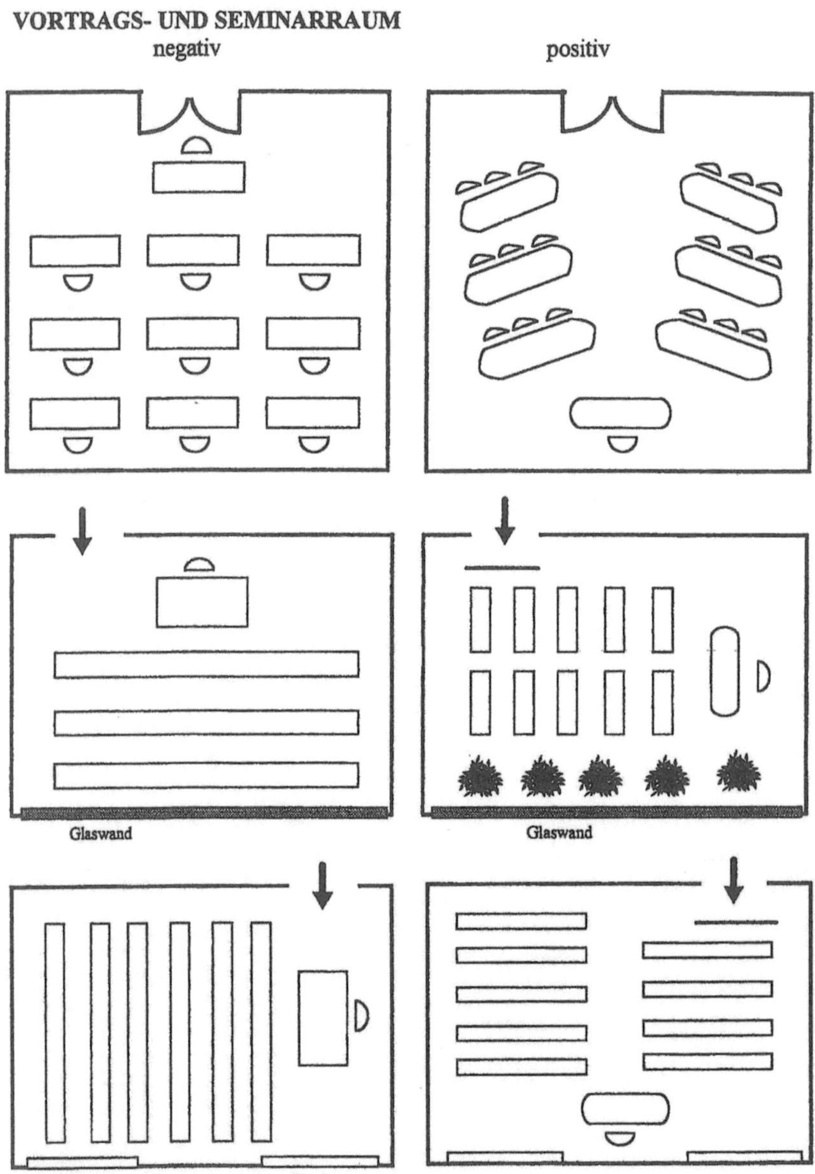

KONFERENZ- UND SITZUNGSRAUM

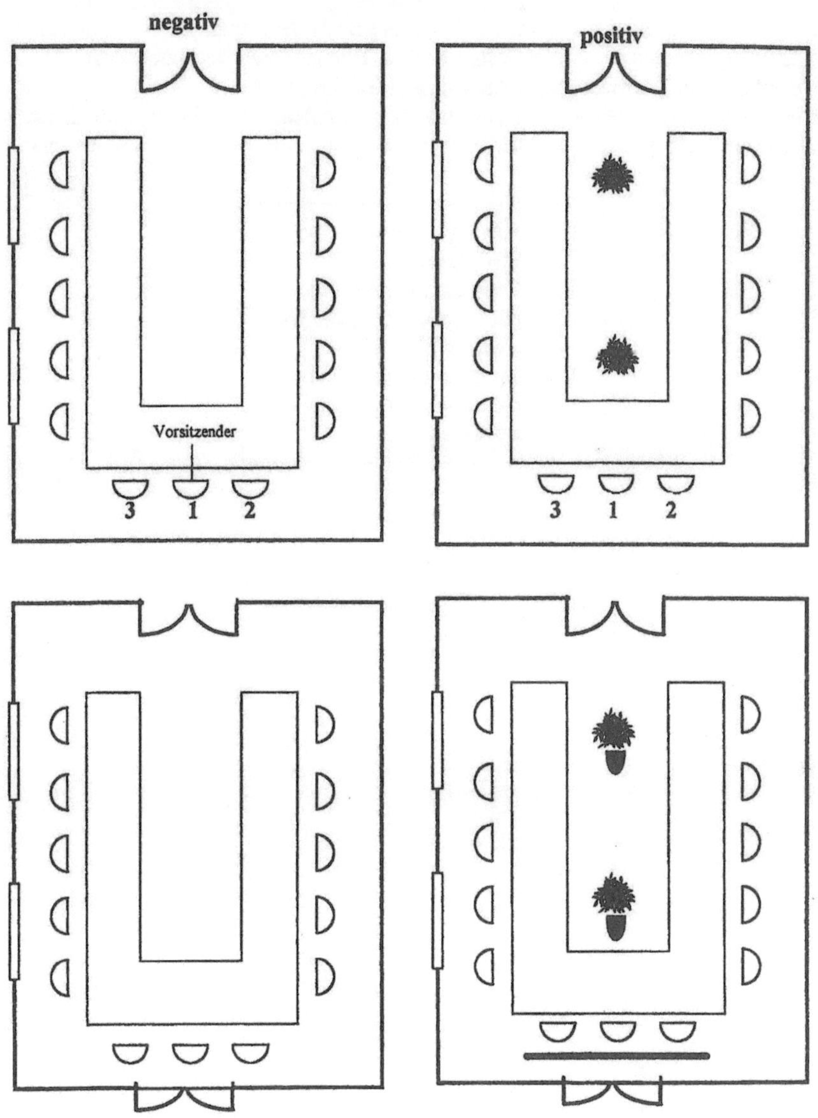

SITZORDNUNG BEI BANKETTS UND GESCHÄFTSESSEN

Bei traditionellen Banketts und Geschäftsessen sitzt der Hauptgast rechts neben dem
Gastgeber, während der zweite Gastgeber dem Hauptgastgeber gegenüber sitzt.
Der zweitwichtigste Gast sitzt rechts vom zweiten Gastgeber.
Diese Sitzordnung erleichtert den Blickkontakt und verteilt die Schlüsselpositionen am
Tisch gleichmäßig. Häufig sitzt der Gastgeber so, daß er die Tür direkt einsehen kann.

1	Hauptgastgeber
2	Hauptgast
3	Frau des Hauptgastes oder zweitwichtigster Gast
4	Zweiter Gastgeber
5	nächst wichtiger Gast
6	nächst wichtiger Gast
7	Dolmetscher

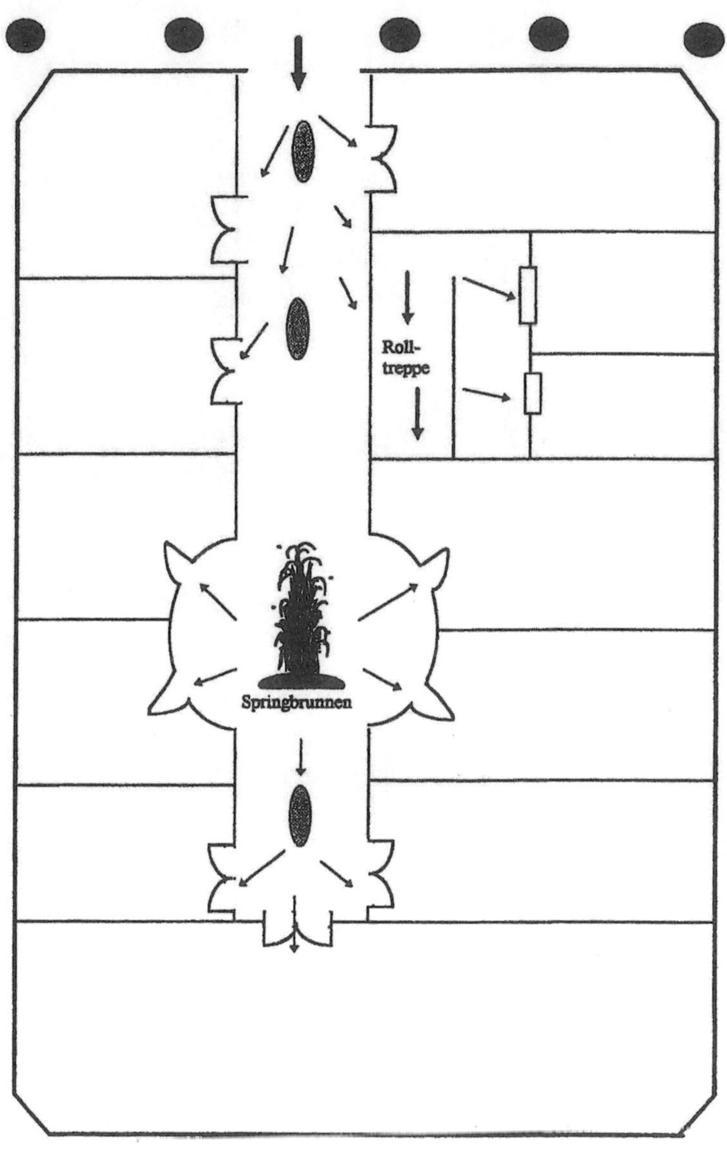
Roll-
treppe
Springbrunnen

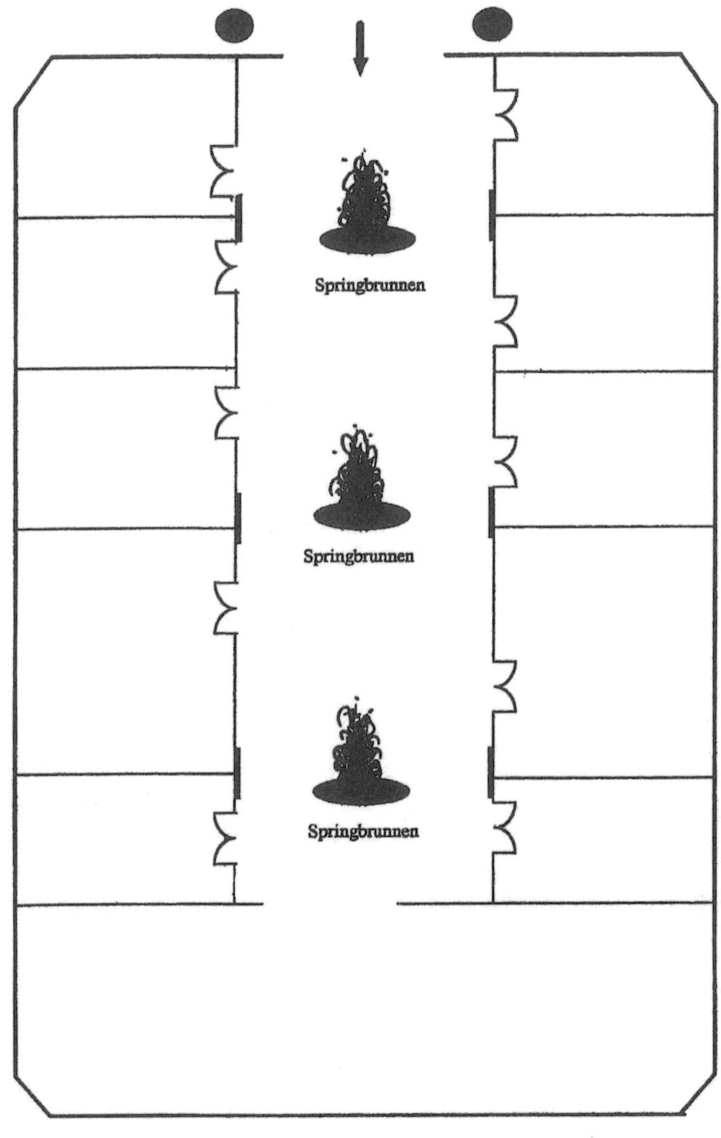

Springbrunnen
Springbrunnen
Springbrunnen

EINKAUFSPASSAGE

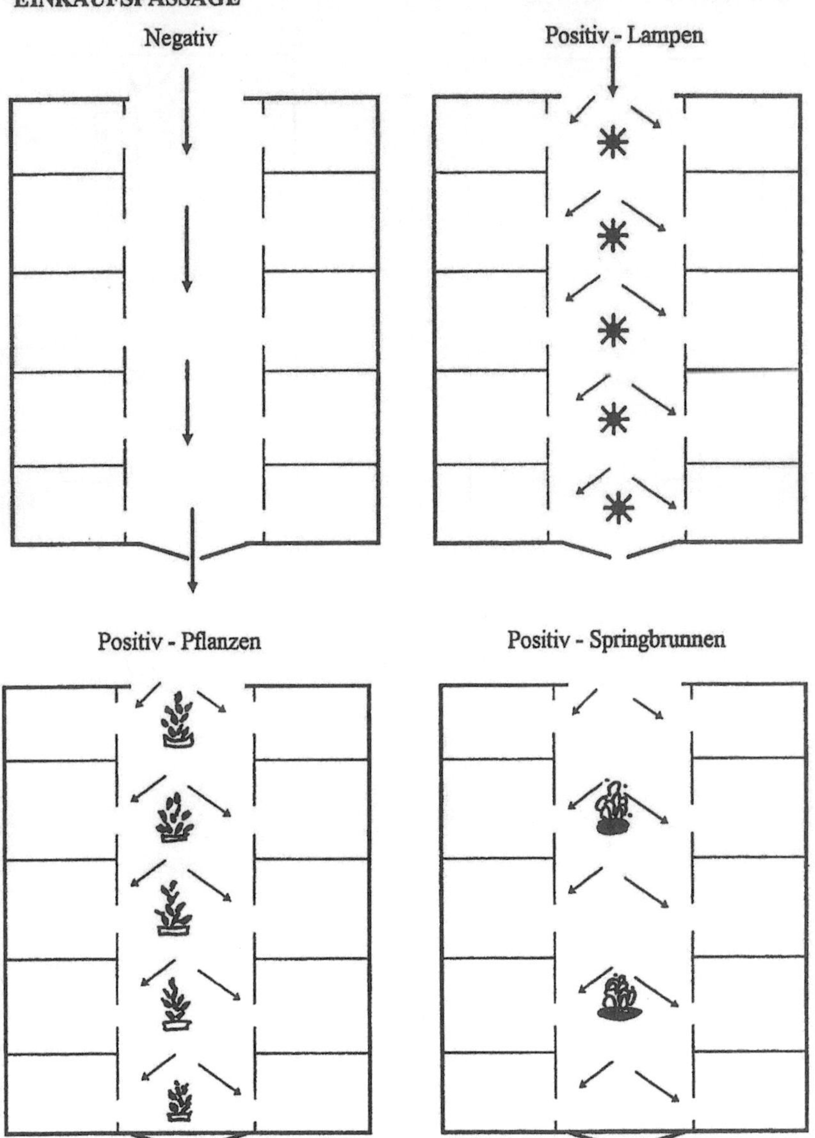

POSITION DER KASSE

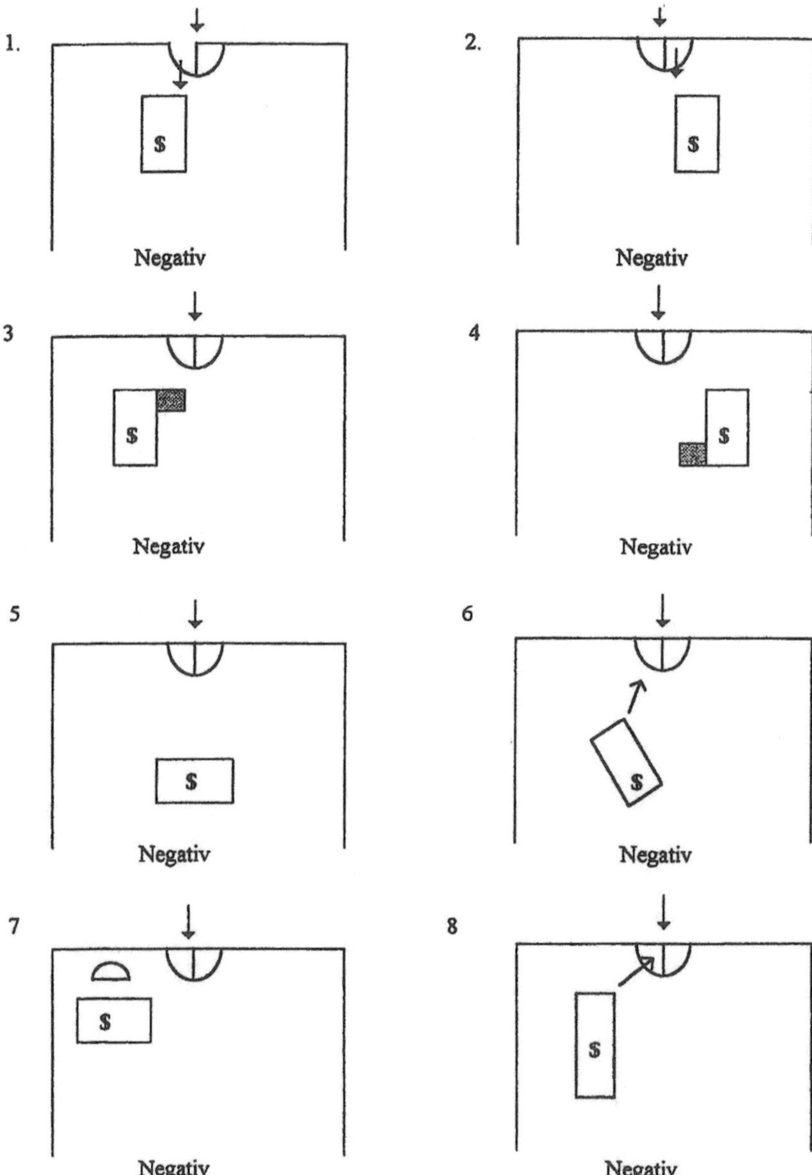

POSITION DER KASSE
9 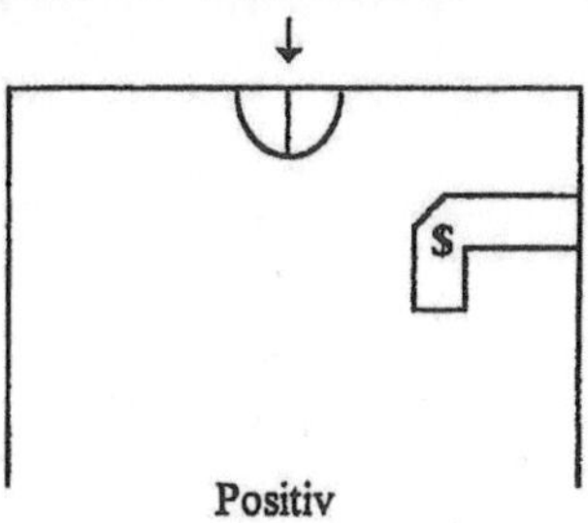
Positiv
10 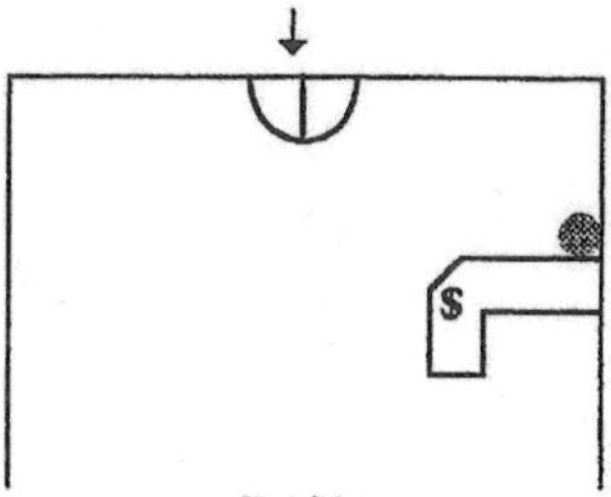
Positiv
11 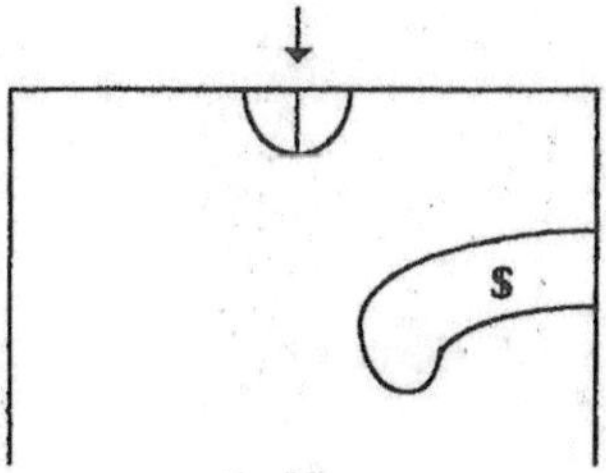
Positiv
12 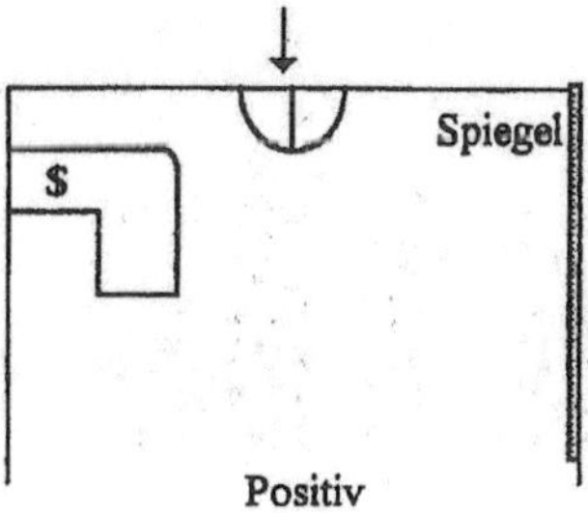
Spiegel
Positiv
13 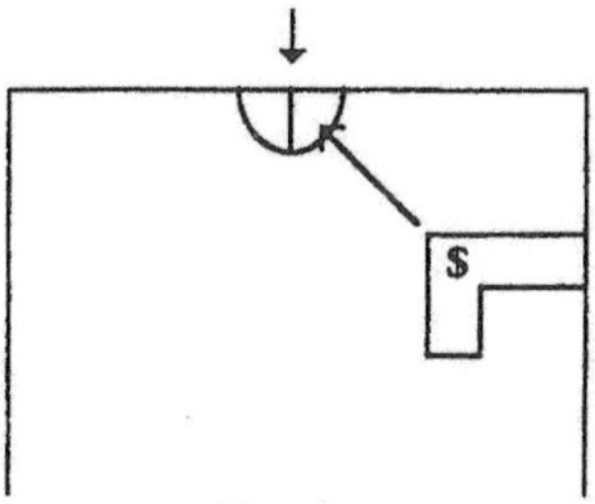
Negativ
14 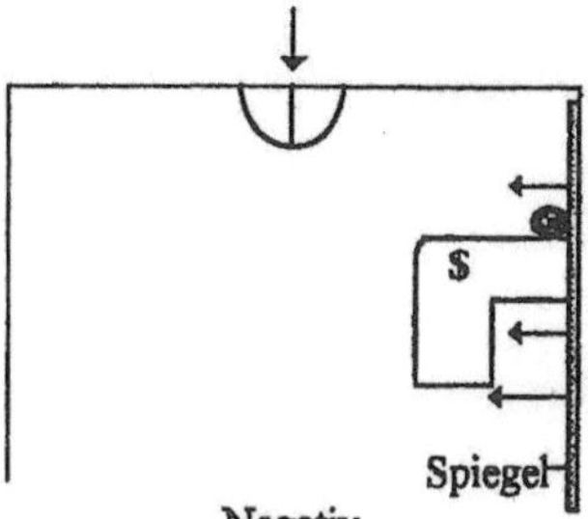
Spiegel
Negativ
15 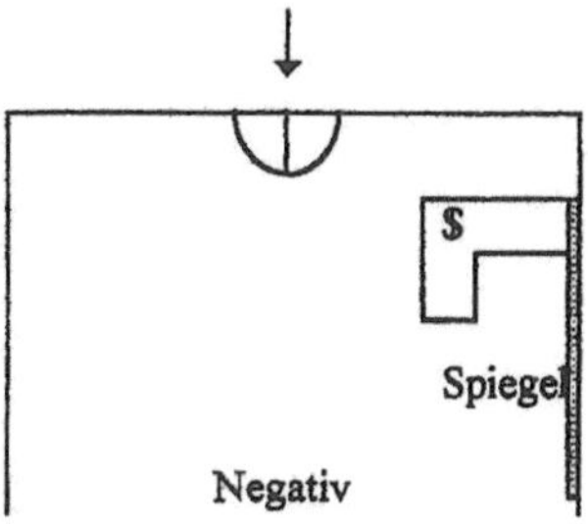
Spiegel
Negativ
16 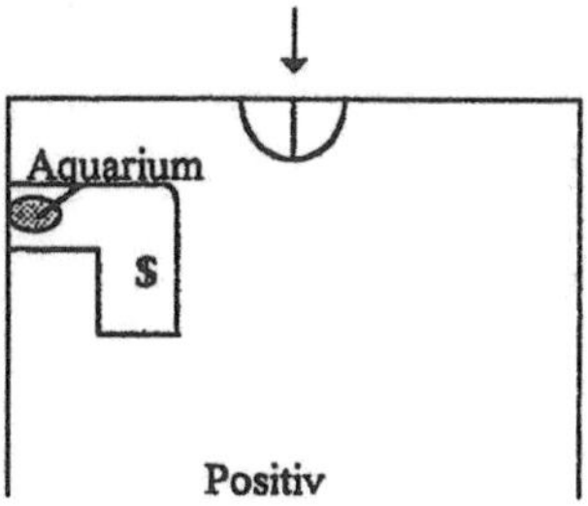
Aquarium
Positiv

BELEUCHTUNG

1) Extrem helles und blendendes Licht (z.B. Halogenlampen) ist negativ - schädliche
   Strahlung und Mikrowellen reduzieren den Sauerstoffgehalt im Raum.

2) Eckige und spitze Lampen und Beleuchtungsgegenstände sind negativ, da sie
   angreifen.

3) Leuchtstoffröhren erzeugen an beiden Enden Mikrowellenstrahlung.
   3 Meter Abstand halten, Qi-Karte zum Schutz tragen oder neben die
   Lichtquelle legen. Sie flimmern und beeinträchtigen die Konzentration.

4) Vollspektrumlicht - das von diesen Röhren erzeugte Licht ähnelt sehr stark dem
   Tageslichtspektrum. Die Lampen sind mit speziellen Vorschaltgeräten ausgerüstet,
   damit sie nicht flimmern.

5) Energiesparlampen - sind schlecht für die Augen und erzeugen eine
   Mikrowellenstrahlung.

TREPPEN UND EINGÄNGE I

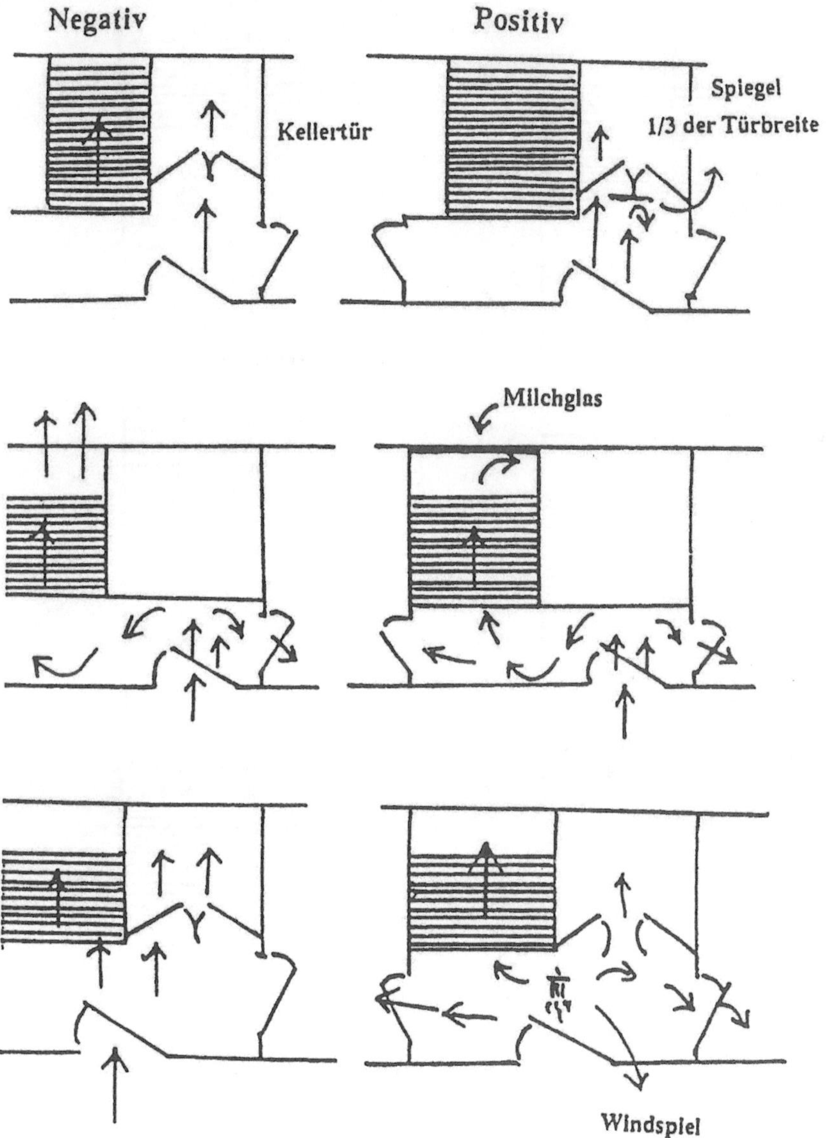

TREPPEN UND EINGÄNGE II

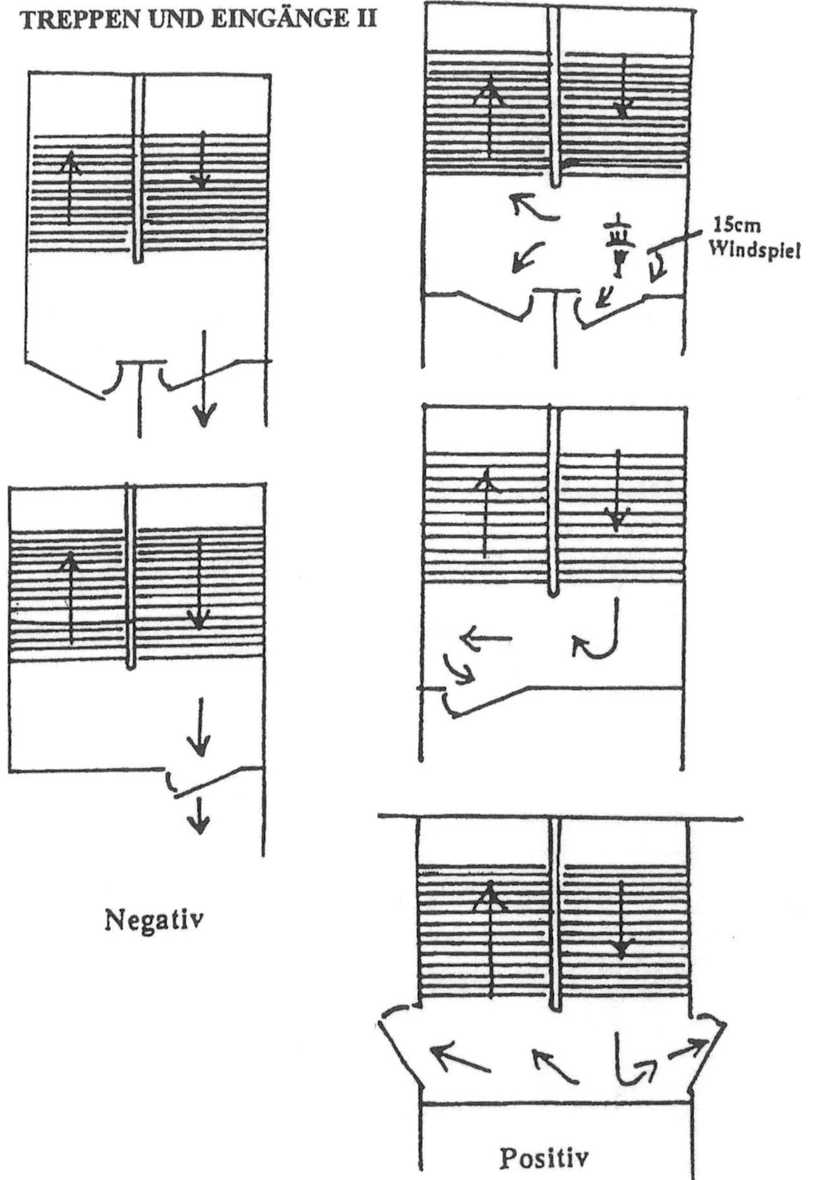

TREPPEN UND EINGÄNGE III

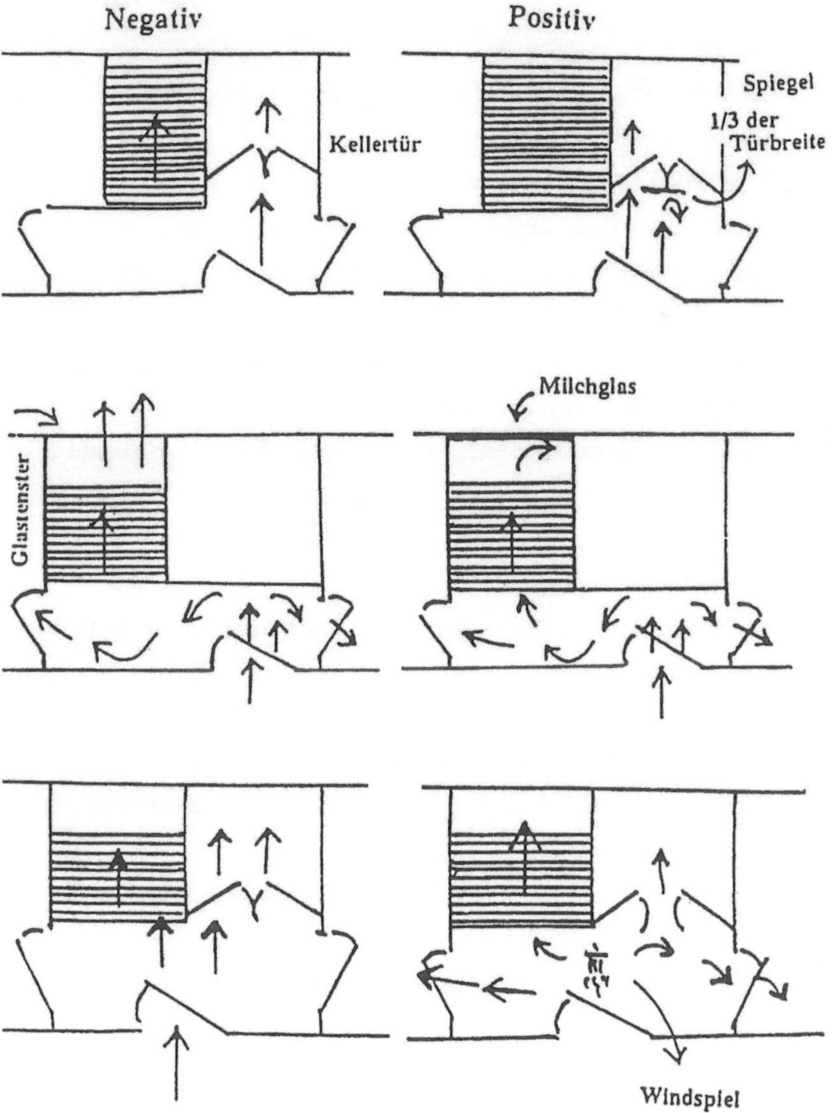

GRUNDPRINZIPIEN BEI DER ERSTELLUNG VON LOGOS UND WARENZEICHEN

1. Runde Formen sind spitzen und eckigen Formen vorzuziehen.

2. Einheitliche oder ausgeglichene Formen sind harmonischer.

3. Alle spitzen Pfeil- und Dreiecksformen.

4. Spitze Pfeil- und Dreiecksformen, die in die horizontale Richtung zeigen, sind weniger negativ als diejenigen, die nach unten oder oben zeigen.

5. Die Linie eines Kreises, der Erde und Universum darstellt, sollte nicht durchbrochen sein.

6. Die Linie eines Halbkreises sollte ebenfalls nicht durchbrochen sein.

7. Durchgezogene sind durchbrochenen Linien vorzuziehen.

8. Jede einem bestimmten Element zugeordnete Form sollte mit dem Element des Besitzers in Harmonie stehen.

9. Die den Fünf Elementen zugeordnete Form sollte mit dem Element des Besitzers in Harmonie stehen.

10. Die Formen sollten nicht bedrohlich wirken. Sie sollten auf den Betrachter entweder neutral oder anziehend wirken.

11. Logos und Warenzeichen sollten einen Handelsbereich, Beruf, Waren/Geräte, die Vision oder die Zielgruppe darstellen.

12. Logos und Warenzeichen können auch die Initialen der Firma, der Gruppe oder des Individuums darstellen.

13. Ein spezielles Symbol oder ein Ort können als Logo/Warenzeichen verwendet werden, z.B. ein Kiwi-Vogel, der für Produkte aus Neuseeland steht.

14. Logos und Warenzeichen sollten einfach sein und auffallen. Sie sollten leicht zu erinnern sein.

15. Wird eine Firma neu gegründet, sollte sich das Logo zum Schutz in einem Kreis befinden. Ist sie erfolgreich, wird der Kreis entfernt.

FIRMENLOGO

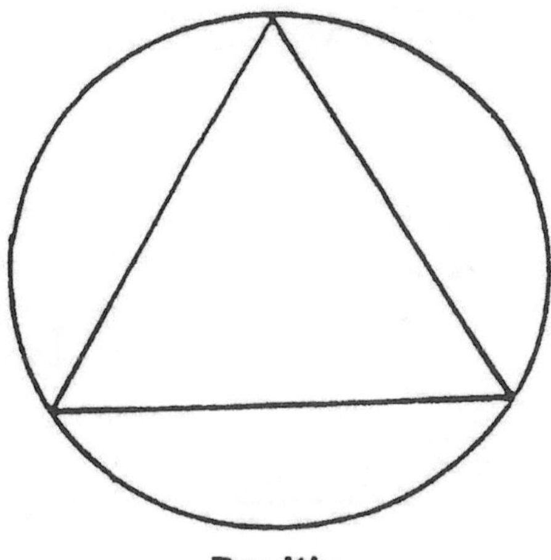

Positiv

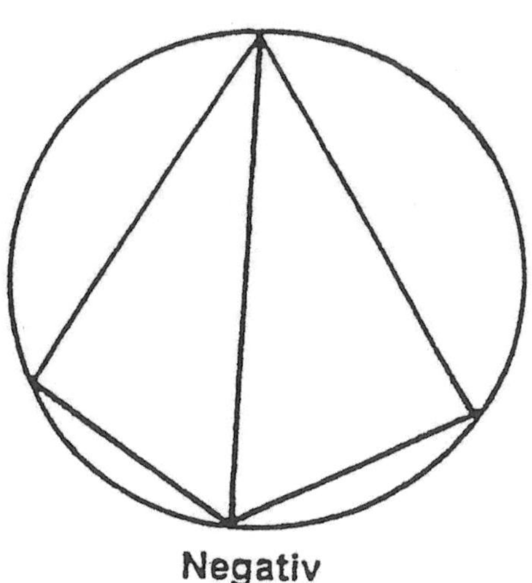

Negativ

BRIEFPAPIER

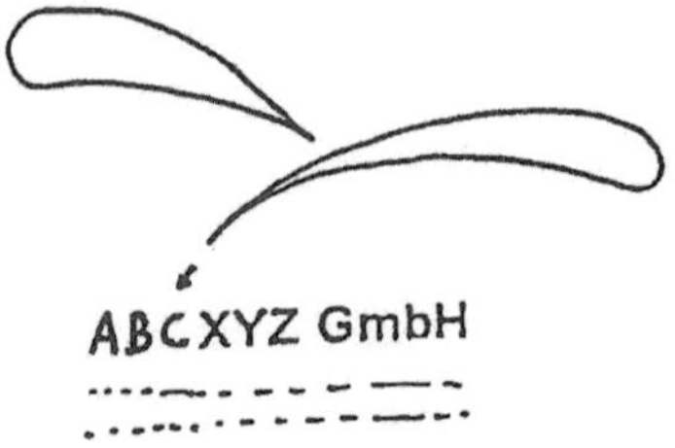

ABC XYZ GmbH

XYZ GmbH

Sonne oder Stern

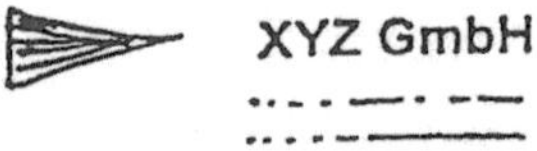

LOGO-DESIGN NACH DEN FÜNF ELEMENTEN 1

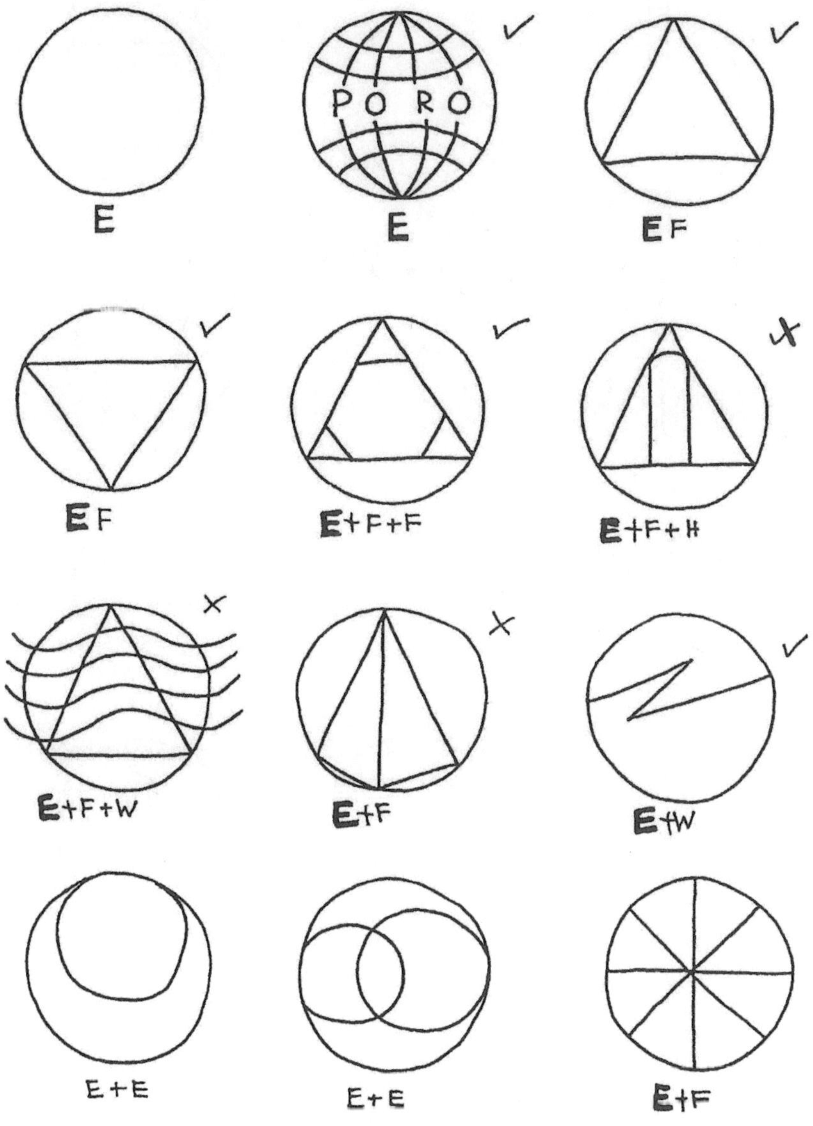

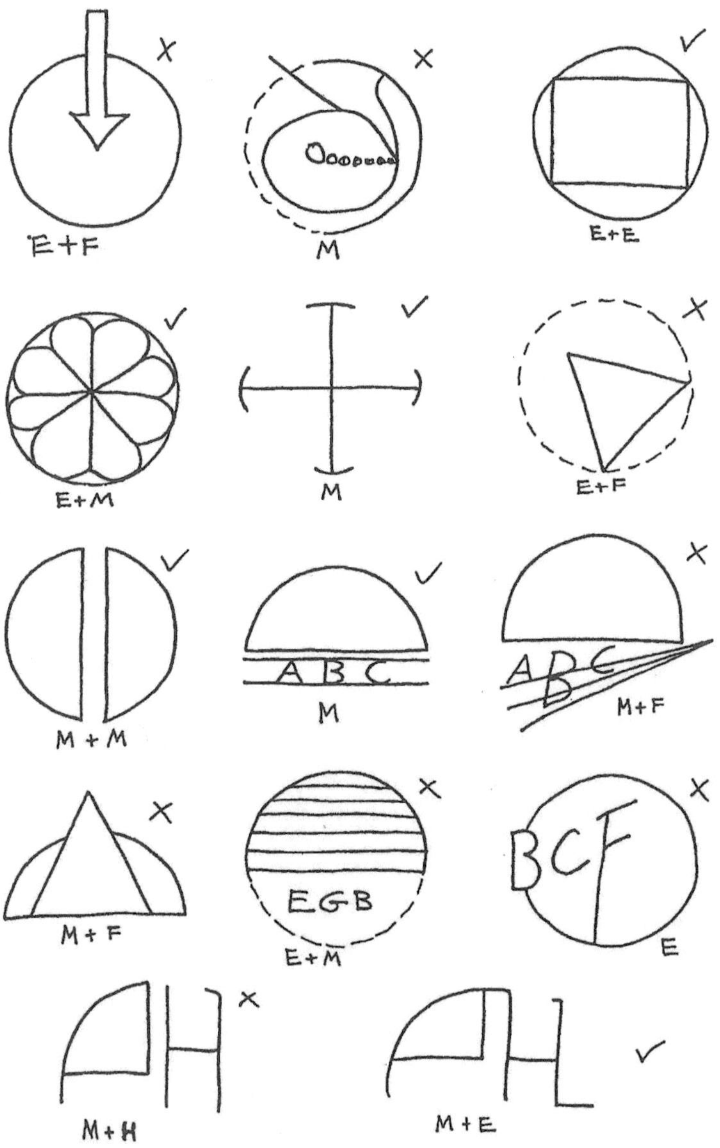
E + F
M
E + E
E + M
M
E + F
M + M
M
M + F
M + F
E + M
E
M + H
M + E

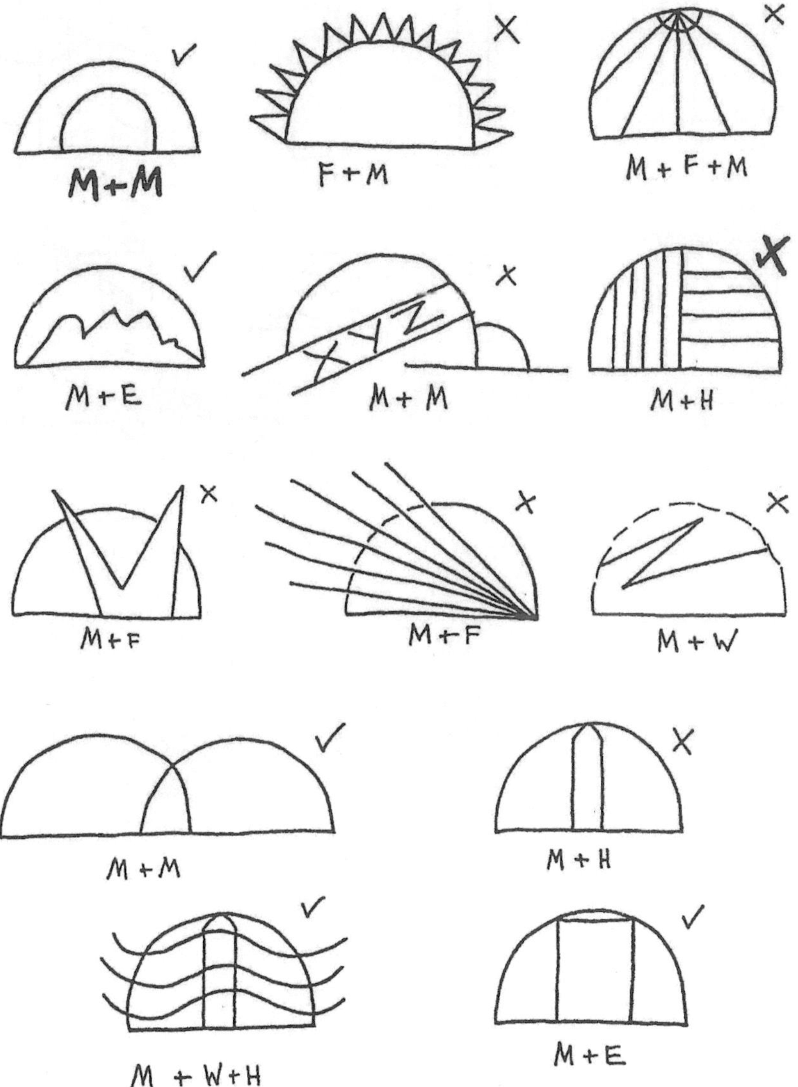

M+M
F+M
M+F+M
M+E
M+M
M+H
M+F
M+F
M+W
M+M
M+H
M+W+H
M+E

LOGO-DESIGN NACH DEN FÜNF ELEMENTEN 4

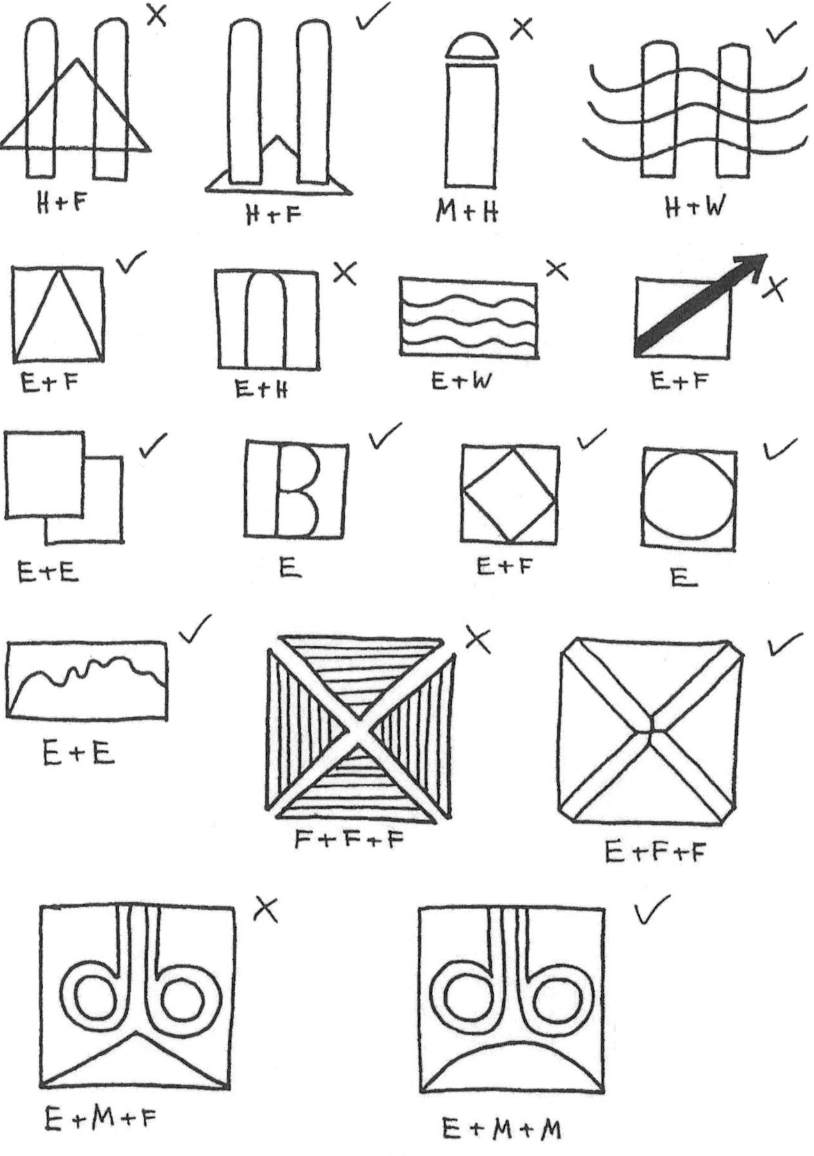

LOGO-DESIGN NACH DEN FÜNF ELEMENTEN 5

PRINZIPIEN DES BUSINESS FENG SHUI - ZUSAMMENFASSUNG

1. Auswahl eines Standorts mit hoher Bodenenergie (Qi), Vermeidung von geopathischen Störfeldern.

2. Standort soll in Harmonie mit dem Besitzer/Geschäftsführer sein.

3. Auswahl des Standorts für optimale Harmonie mit der Branche / Geschäftszweig.

4. Günstige Ausrichtung der Eingangstür und Gestaltung der Geschäftsräume für viel Qi und Wohlstand.

5. Ausrichtung der Tür sollte mit der Art des Geschäfts / der Branche harmonieren.

6. Anordnung von Fenstern, Eingangs- und Hintertür für einen ungehinderten Qi-Fluß, der alle Räumlichkeiten versorgt. Verbrauchte Energie fließt über die Hintertür ab.

7. Gestaltung der Innenräume, Möbelplazierung und Schaufenstergestaltung sollte einen guten Qi-Fluß begünstigen.

8. Die Kasse und der Aufbewahrungsort für Wertsachen sollte an einem guten Platz mit hoher Energie stehen, damit sie Geld und Wohlstand aufnehmen und vermehren kann.

9. Unbedingtes Vermeiden von negativen Pflanzen und Strukturen wie spitzen Ecken und Kanten oder anderen störenden Gegenständen, denn diese halten Kunden fern.

10. Das Büro des Chefs / Managers sollte sich an einem Ort mit hoher Energie befinden.

11. Die Fünf Elemente sollten im Gleichgewicht und das Yin und Yang in Harmonie sein. Die Farben der Einrichtung sollten auf den Besitzer und die Art des Geschäfts abgestimmt sein. Das Logo sollte ebenfalls nach den Fünf Elementen passend gestaltet werden.

12. Die Büros aller Entscheidungsträger sollten in Harmonie mit diesen Personen sein und an einem Ort mit hoher Energie liegen.

13. Alle Büros und Flächen mit Kundenverkehr sollten gut und harmonisch ausgeleuchtet sein, ohne daß das Licht blendet.

QI-MAG FENG SHUI

**Vier Bewußtseinsebenen zur Erhöhung
der kosmischen Energie in Gebäuden**

1. Tatsächliche physische Form in Bewegung - tatsächlicher
    Wasserfall, Springbrunnen, Wasserrad, Aquarium mit Fischen,
    Windspiel usw.

2. Abbildung des tatsächlichen Instruments oder Gegenstands,
    Wasserfall, Windspiel, Flöte usw.

3. Gemälde des Instruments oder Gegenstands.

4. Spirituelle Form (Abbild) von Instrumenten oder Objekten -
    Plazierung von Instrumenten / Objekten auf spirituelle Art.
    Für das menschliche Auge unsichtbar.

FENG SHUI HILFSMITTEL - ZUSAMMENFASSUNG

Wasserfälle oder Springbrunnen/Wasserfallbilder
Zur Anregung und Verstärkung von Qi in Räumen und vor Gebäuden.

Wasserbecken/Teiche/Wasserräder
Zur Verstärkung und Anregung des Qi in der näheren Umgebung von Gebäuden.

Aquarien
Abgerundete oder achteckige Aquarien für mehr Qi in Räumen und Gebäuden. Goldfische stehen
für Wohlstand und Überfluß.
Günstige Maße für Höhe/Tiefe/Breite: 38-48cm, 59,5-70cm, 102-112cm, 124-134cm, 146-155cm.

Flöten und andere Blasinstrumente
Für die Erhöhung des Qi in Räumen.

Deckenventilator
Für die Erhöhung und Anregung des Qi in Räumen.

Pyramiden
Zur Verstärkung und Anregung des Qi-Flusses.

Fächer
Dient zur gezielten Lenkung des Qi.

Lampen
Verstärkt das positive Qi von Räumen und Gebäuden.

Zimmerpflanzen
Für die Verstärkung des Qi und zur Luftreinigung.

Paravent/Raumteiler
Lenken und Verlangsamen des Qi-Flusses in Räumen.

Windspiel/Spirale
Zur Umlenkung und Verteilung des Qi. Zur Verlangsamung des Qi-Flusses werden sie z.B. vor
Fenstern angebracht.

Hufeisenform
als Erdwall oder durch Bäume dargestellt. Dient zur Sammlung des Qi an einem Ort.

Hecken/Zäune
Umlenkung des negativen Qi z.B. von herankommenden Autos, Abschirmung gegen angreifende
Gebäude.

Trommeln/Glocken
Anhebung und Belebung des Qi in Räumen.

Bergkristalle
Zur Abschirmung bei Störfeldern.

Farben
Erhöhung des Qi, Harmonisierung der Elemente-Typen.

QI-MAG® Feng-Shui I
Die chinesische Kunst des
gesunden Wohnens

Kurs I: Praktisches „Erste-Hilfe-Feng-Shui" für
Haus und Wohnung. Wie Sie mit einfachen Maß-
nahmen und Hilfsmittel schnell und zuverlässig
grundlegende Energiestörungen in Haus und
Wohnung harmonisieren (2 DVDs/190 Min.).

QI-MAG® Feng-Shui II
Harmonisches Wohnen; Harmonie,
Glück und Erfolg mit der alten
chinesischen Weisheit steigern

Kurs II: Wie Sie Bereiche in Raum und Gebäuden
auf einzelne Personen abgestimmt bestimmen
und harmonisieren. Was Sie für besseres Arbeiten,
mehr Vitalität, erholsameren Schlaf, Erfolg und
Wohlstand tun können. Vertiefen Sie die Prinzipien der fünf Elemente,
sowie die Harmonie von Yin und Yang, der acht Trigramme und der
Feng-Shui Astrologie. Drei fortgeschrittene Feng-Shui-Systeme sind Teil
dieses Kursus (2 DVDs/250 Min.).

QI-MAG® Feng-Shui für Geschäft und
Beruf – bewährte Praktiken aus Asien für
geschäftliche Harmonie und Wohlstand

Kurs III: Erfahren Sie alles über das Business-
Feng-Shui, um Ihren Erfolg zu steigern und den
Energiefluss der Arbeitsbereiche und Geschäfts-
gebäuden zu aktivieren und zu optimieren.
Entwerfen Sie Logos und Symbole. Mit alten
Techniken können Spitzenleistungen erzielt werden (2 DVDs/190 Min.).

Notizen:

Notizen:

Notizen:

Notizen:

Notizen:

Notizen:

Notizen:

Notizen:

Notizen:

Notizen:

Notizen:

Notizen:

Notizen:

Notizen:

Notizen:

Notizen:

Notizen:

Notizen: